KALLIGRAPHIE

KALLIGRAPHIE

DIE KUNST DES SCHÖNEN SCHREIBENS · HERBERT BECKER

E. A. SEEMANN

SCHRIFT SCHREIBEN — EINE HINFÜHRUNG 8

Schriftgeschichte am Beispiel eines Buchstabens — die Schriften dieses Bandes — das Material und wie man es einsetzt — wie man Schriftblätter gestaltet

DIE SKELETT- ODER BLOCKSCHRIFT 22

eine einfache Schrift des 20. Jahrhunderts, die sich gut zum Einstieg eignet — für Rechts- wie Linkshänder — wandlungsfähig wie keine andere Schrift — modern in der Wirkung — für sachliche Mitteilungen, Markenzeichen, Buchstabenspiele — bei beliebiger Textmenge

DIE KLASSISCHE ANTIQUA 54

die „Mutter“ der abendländischen Schriften — in der Renaissance ergänzt durch Kleinbuchstaben — dynamische Wirkung aufgrund wechselnder Strichstärken — besonders dekorativ bei wenig Text — für Initialen, für Festliches und zum Beschriften von Urkunden

DIE TEXTURA 80

die gotische Schrift schlechthin — mit gewebeartiger Struktur — streng und feierlich wirkend — für Urkunden und kleinere Texte religöser, historischer oder historisierender Art

DIE ANTIQUA-KURSIV 100

leicht zu schreiben – gefällig, variabel, individuell ausprägbar – mit zeitloser Wirkung – für fast jede Textart, auch bei großen Mengen – besonders beliebt für Widmungen, Glückwünsche, Einladungen, Briefe und Gedichte – aber auch für kunstvolle freie Schriftblätter

DIE SCHWABACHER 124

die deutsche Renaissanceschrift – breit fließend, nostalgisch anmutend – dekorative Zeilenwirkung – für Urkunden, Historisches, Gedichte und Sinnsprüche

DER WEG ZU EINER NEUEN HANDSCHRIFT 140

die Antiqua-Kursiv als Grundlage für eine „kultivierte", eindrucksvolle und ausdrucksstarke Handschrift – die Schreibwerkzeuge: Federn, Füller, Kugelschreiber, Filzstift oder auch Pinsel

SCHRIFT FREI GESTALTEN 146

Möglichkeiten des individuellen Ausdrucks – mit neuem Werkzeug und Material – im Mittelpunkt: Spiel und Phantasie

SCHRIFT zeichnen mit der Zeichenfeder...

Schrift setzen wie Gutenberg...

Es gibt viele Arten, SCHRIFT zu produzieren...

VORWORT

Staunen und Bewunderung rufen die prachtvoll ausgestatteten Handschriften hervor, die das Mittelalter zu einer Blütezeit des Schreibens und Buchschaffens machten. Gestaltet wurden diese Werke in Klöstern und Domschulen – dort, wo man lesen und schreiben konnte. Außerhalb war das Analphabetentum verbreitet, selbst beim hohen Adel. Erst um die Wende vom 19. zum 20. Jahrhundert wurde die Lese- und Schreibkultur Allgemeingut. Wir haben schnell gelernt, es als selbstverständlich zu empfinden, daß jedes Kind schreiben kann. Gleichzeitig hat aber auch die Handschrift an Ansehen eingebüßt.
Doch in den vergangenen Jahren war eine Bewußtseinsänderung zu beobachten: Seit Telefon und Computer in weiten Bereichen des Alltags der Informationsübermittlung dienen, besinnt man sich wieder auf herkömmliche Traditionen des Schreibens. Dabei will man sich nicht mit sogenannten Schulausgangsschriften begnügen, deren historische Grundlagen weitgehend verdeckt sind. Man möchte – und dies ist keine reine Nostalgie – den Vorbildern näherkommen: den Schriften, die zu den Bausteinen unserer Kultur gehören, die vor Jahrhunderten entwickelt wurden und in verschiedenen Formen auch noch das heutige Leben prägen. Bemüht um Nähe zum Original, legt man Filzstift, Kugelschreiber oder Füllhalter beiseite und schreibt mit althergebrachtem Werkzeug – mit Federn. Das Schreiben wird zu einer sinnlichen Erfahrung. Man

Schrift tippen mit der Schreibmaschine...

Schrift stempeln oder schablonieren...

Schrift kopieren, schwarz/weiß oder farbig...

SCHRIFT elektronisch aufbauen.

...eine davon ist, sie – mit der Feder – zu schreiben

erkennt die Buchstaben in der ihnen eigenen Kraft und kann sie mit persönlichen Inhalten füllen.
Die neue „Schreibbewegung" hat bei uns in Europa und in Amerika viele Freunde gefunden. Die früher geringe Zahl von „Schriftgelehrten" hat sich erweitert, man tauscht untereinander Erfahrungen und Ideen aus und gibt sie weiter. Die Meister kommen aus verschiedenen Richtungen: aus der „Offenbacher" und der „Leipziger Schule", aus osteuropäischen Städten, nicht zuletzt auch aus der Werbebranche der USA. Jeder von ihnen geht anders mit Schrift um, führt sie auf seinem Weg über das Handwerkliche hinaus zum eigenen Schriftstil und zur Kunst. So entsteht eine „unendliche Geschichte" des Schreibens, des Arbeitens oder Spielens mit handgeschriebenen Schriften.
Ziel des vorliegenden Buches ist es, Sie an dieser Geschichte teilhaben und weiterwirken zu lassen. Es wird Ihnen einige der beliebtesten und wichtigsten Schriften nahebringen – von Grund auf und in kleinen Schritten. Und Sie werden Anregungen finden, wie und wann Sie diese Schriften wirkungsvoll anwenden können: in Briefen und Urkunden, bei Glückwünschen und Einladungen, Tisch- und Menukarten, auf Etiketten, Plakaten, Schmuckblättern oder einfach nur beim Spielen mit Wörtern und Buchstaben. Das Material „Schrift" bietet dem, der frei mit ihm umzugehen weiß, vielfältige Möglichkeiten.

A

SCHRIFT SCHREIBEN – EINE HINFÜHRUNG

Am Anfang des ersten Kapitels steht eine kurze Geschichte der Schrift und des Schreibens. Diese Geschichte läßt sich am Beispiel eines einzelnen Buchstabens ablesen. Auch wenn die Formen, die uns hier begegnen, historisch sind, so müssen sie doch nicht veraltet sein. Einige der Schriften, die vor Jahrhunderten entwickelt wurden, sind auch heute noch lebendig. Sie begegnen uns Tag für Tag in verschiedenen Bereichen und vielfältigen Ausprägungen. Man entdeckt sie in Buch- und Zeitschriftentiteln, auf Etiketten und Plakaten, in der Fernseh- und Kinowerbung, bei bekannten Markenzeichen und Namenszügen ...
Fünf Schriften mit ausgeprägtem Charakter, die besonders beliebt sind, werden in diesem Band vorgestellt – mit Übungen und praktischen Beispielen, wann man die jeweilige Schrift anwenden kann: bei alltäglichen oder feierlichen Texten, bei sachlichen oder poetischen, bei ernsten oder verspielten, bei historischen oder modernen ...
Welches Material man braucht, um diese Schriften zu schreiben, und wie man es handhabt, auch darauf geht das erste Kapitel ein. Und es zeigt, wie man Texte „formen“, also interpretieren und dekorative Schriftblätter gestalten kann ...

1 „Sinaischrift“	2 Semitisch	3 Griechisch	4 Griechisch
2000–1500 v. Chr.	10. Jahrhundert v. Chr.	7.–4. Jahrhundert v. Chr.	5. Jahrhundert v. Chr.
5 Römisch	6 Römische Steinschrift	7 Römische Capitalis	8 Rustica
2. Jahrhundert v. Chr.	2. Jahrhundert v. Chr.	2. Jahrhundert n. Chr.	3.–4. Jahrhundert
9 Capitalis rustica	10 Capitalis quadrata	11 Karolingische Minuskel	12 Irisch
4. Jahrhundert	5. Jahrhundert	um 800	um 1000

Der Weg eines Buchstabens durch die Schriftgeschichte

Verfolgt man den Weg eines Buchstabens durch zweitausend und mehr Jahre Schriftgeschichte, entdeckt man bei aller Konvention eine erstaunliche Bandbreite an Formen. In jeder Region verläuft die Entwicklung anders. So kann eine Auswahl nie vollständig sein; sie wird immer subjektiv bleiben. Entwicklungen über eine längere Strecke hinweg in ein Bild zu fassen ist unmöglich. Deshalb stehen die hier herausgegriffenen für viele Bilder. Doch jedes einzelne ist nur typisch für seine Zeit und seinen Ort. Die Zeit- und Ortssprünge folgen dabei keinem bestimmten Rhythmus. Schließlich waren manche Schriftzeichen sehr lange gültig, bis sie durch neue abgelöst wurden oder in den Hintergrund traten.

Die hier skizzierten Buchstaben veranschaulichen, wie das Werkzeug – Meißel, Pinsel, Feder, Gießform, Computer – die Form bestimmt. Außerdem prägt der Zeitgeist den Stil. Hinzu kommt auch der Formwille des Schreibers, der einer Schrift zu

13 Handschrift Manesse	14 Gotische Textura	15 Drucktype Gutenbergs	16 Deutsche Drucktype
13. Jahrhundert	um 1400	um 1455	15.–16. Jahrhundert
17 Antiqua-Kursiv, Italien	18 Drucktype Oberrhein	19 Humanistische Minuskel	20 Schwabacher
um 1500	1560	Ende 15. Jahrhundert	17. Jahrhundert
21 Klassizistische Antiqua	22 Jugendstil	23 Futura	24 Computerschrift
um 1800	1900–1920	1926	seit ca. 1980

immer neuen Gestaltungen verhelfen kann, indem er ihr seine Eigenart beibringt.
Die folgenden Kapitel gehen auf fünf Schriften näher ein:

❍ die Skelett- oder Blockschrift, im 20. Jahrhundert aus der römischen Steinschrift (6) entwickelt,
❍ die Klassische Antiqua, die auf römische Großbuchstaben (7) und Kleinbuchstaben der Renaissance (19) zurückgeht,
❍ die Textura (14),
❍ die Antiqua-Kursiv (17),
❍ die Schwabacher (20).

Die Antiqua-Kursiv wird zudem Ausgangspunkt eines Kapitels sein, das sich mit der Entwicklung einer „kultivierten" Handschrift beschäftigt.
Die genannten Schriften sind auch heute noch sehr populär. Sie sind relativ leicht zu lernen und vielseitig einsetzbar. Die Beispiele dieses Bandes zeigen einige Möglichkeiten auf ...

Was man zum Schreiben braucht

Das Foto zeigt auf einen Blick „Werkzeuge und Materialien“, die man zum Kalligraphieren unbedingt braucht – aber auch anderes, was besonders praktisch oder besonders reizvoll ist.

Schreibflüssigkeiten (von links nach rechts)

❍ „Skribtol“ (obere Reihe): Leicht fließende, schwarze Tusche. Besonders gut für den Anfang geeignet. Da sie nach einiger Zeit zwischen der Feder und der Überfeder hart und wasserfest auftrocknet, die Feder am besten nach Gebrauch mit einem Leinenlappen reinigen oder mit einer Zahnbürste und Wasser putzen. Ist die Tusche bereits getrocknet, mit einem Messerchen abkratzen.

❍ Kalligraphietinte: Eine Eisen-Gallus-Tinte. Beim Fließen schimmert sie blau, dann wird sie schwarz, später sepiabraun. Da sie flüssiger ist als Tusche, empfiehlt sie sich besonders für kleine Schriften. Während Tusche auf der Oberfläche des Papiers stehenbleibt, dringt Tinte ein. Tusche und Tinte „vertragen“ sich nicht; deshalb immer zwei Federn bereithalten. Stahlfedern werden übrigens von Tinte angegriffen und kratzen dann. Für umfangreichere Arbeiten also lieber eine neue Feder nehmen.

❍ Chinesische Stangentusche: Mit einem Reibstein und etwas Wasser wird sie – in der gewünschten Dichte – für den jeweiligen Gebrauch angerieben. Je mehr man anreibt, desto dunkler wird ihr Ton. Sie wirkt leicht grau und matt. Ihr Vorteil: Sie fließt auf saugfähigem Papier nicht aus. Eine Alternative sowohl für Tusche wie für Tinte.

❍ Aquarell-, Acryl- oder Deckfarben (zweite Reihe): Drei Grundfarben (Rot, Gelb, Blau) reichen aus, um jeden gewünschten Ton zu mischen. Etwas Farbe in einem Näpfchen mit Wasser anrühren. Mit einem feinen Spitzpinsel in die Feder füllen.

❍ Deckweiß: Läßt sich mit einem feinen Spitzpinsel, einem breiten Borstenpinsel oder einem breiten Blattpinsel auftragen. Gut geeignet für Korrekturen, Begradigungen, schmückende Details oder sonstige Änderungen. (Bei farbigem Papier Deckweiß entsprechend abtönen.)

❍ Gefäß mit Wasser: Ein geteiltes Wasserglas spart so manchen Gang. Praktisch auch als Ablage für Feder und Pinsel.

Messingblattfeder

Schreibgeräte (von oben nach unten)

❍ Redispfannenfedern (ganz oben): Mit rundem Federhalter und Überfeder für die Blockschrift. Standardbreiten sind 3 und 5 mm Durchmesser. Von jeder Stärke sollte man zwei Federn zur Verfügung haben, um zwischen verschiedenen Farben und zwischen Tusche und Tinte abwechseln zu können.

❍ Breitfedern (darunter): Auch Wechselzug- oder Antiquafedern genannt. Mit rundem Federhalter und Überfeder für alle Schriften. Stärken: 1,5, 2, 2,5, 3 und 5 mm.

❍ Spitzfedern (unten rechts): Mit rundem Federhalter für feine Linien und Korrekturen. Eine kräftige spitze Schreibfeder und eine kleine, spitze Zeichenfeder reichen aus.

❍ Reiß- oder Ziehfeder (darunter): An einem Rädchen läßt sich der Abstand der beiden übereinanderliegenden Zungen verstellen. Hält man die Ziehfeder beim Schreiben oder Zeichnen dann schräg, wird der Strich breiter. Für frei gestaltete Schriftblätter. Auch gut geeignet für längere Linien und Rähmchen. Tusche mit Spitzpinsel zwischen die Zungen füllen. Mit Abstand an einer Reißschiene entlangziehen.

❍ Messingblattfedern (Zeichnung links unten): Mit ein oder zwei Messingzungen und einem Holz- und Metallschaft. Sie sind flexibler als Stahlfedern und bilden glatte, saubere Schriftkanten. In diesem Band in den Stärken 10 und 15 mm. Alternativ lassen sich aber auch Breitfedern verwenden.

❍ Rohrfeder (Bildrand): Aus Bambus- oder Schilfrohr. Reizvoll für freie Schriftformen und Experimente.

❍ Bleistifte: HB (hart) und 2B (weich). Für Entwürfe, Hilfslinien und sonstige Markierungen, um Pausen anzufertigen und zu übertragen.

❍ Faserschreiber: für die persönliche Handschrift.

❍ Filzstifte: für freie Übungen in der Blockschrift.

❍ Pentelbrush: Wie Spitzpinsel gleicher Stärke zu verwenden. Durch unterschiedlichen Druck entstehen beim Schreiben unterschiedliche Strichstärken.

❍ Runder Borstenpinsel: „Stupfpinsel“ mit kurzen harten Borsten zum Auftupfen von fast trockener Farbe. Für besondere Effekte, Schatten und Hintergründe. 1 cm Stärke.

❍ Blattpinsel: Mit Kunstborsten. Für große Schriftgrade auf Plakaten (ab 1 cm Breite). Auch bei rauhen Fonds geeignet.

❍ Spitzpinsel: Nr. 3 oder 4. Für kleine Korrekturen mit Deckweiß und „flotte“ Schriften. Auch um Farbe oder Tusche in eine Feder zu füllen (läßt sich schlecht direkt aus flachen Näpfchen aufnehmen).

Hilfsmittel

❍ Reißschiene: Für gerade und schräge Hilfslinien. Ersatzweise können auch ein Metallineal (40 bis 50 cm Länge) und ein Geodreieck (Längsseite ca. 25 cm) verwendet werden. In Verbindung mit einem Falzbein oder einem Hornkamm ist eine Schiene oder ein Lineal auch zum Falzen von Papier und Karton praktisch.

❍ Papierschere: 20 bis 25 cm lang. Speziell für Papiere.

❍ Schneidemesser (Cutter): Besser als eine Schere geeignet, um Papier oder Karton an einem Metallineal oder an einer Schiene entlang exakt zu schneiden (mit Pappunterlage); und um Karton vor dem Falzen auf der Rückseite leicht einzuritzen.

❍ Kreppklebeband: Um Papier auf dem Schreibbrett zu befestigen. Sein Vorteil: Hält gut, ohne das Papier zu beschädigen.

❍ Gummilösung („Fixogum"): Um skizzenhaft geschriebene Wörter und Zeilen in der gewünschten Anordnung fixieren zu können. Dazu die Gummilösung am besten mit dem Finger auf dem Papier verstreichen. Der Vorteil der Gummilösung: Das Papier läßt sich wieder abziehen und – nach Abrubbeln der alten und Auftragen einer neuen Klebeschicht – an anderer Stelle anbringen. (Verteilt man Gummilösung auf beiden Flächen, bleibt das Papier fest haften.)

❍ Radiergummi (weich): Zum Entfernen von Bleistiftmarkierungen. Die Schrift muß jedoch erst völlig trocken sein. Dabei nicht über die Außenkante hinweg radieren, das Papier könnte sonst knicken.

❍ Vogelfeder: Bestens geeignet, um „Radierkrümel" fortzuwischen.

❍ Zahnbürste und Läppchen aus Leinen: Die Schreibfeder im Anschluß an die Arbeit mit einer Zahnbürste und mit Wasser putzen. Danach mit einem Leinenläppchen – Leinen fusselt nicht – trocken wischen.

❍ Schreibbrett (nicht im Bild): Ein Reißbrett oder ein einfaches furniertes Brett von etwa 45 x 65 cm. Auf ihm werden das Schreibpapier und außerdem ein „Schmierzettel" (siehe auch Seite 17 und 24) befestigt. Zum Schreiben wird es in die Sitzbeuge genommen und schräg an den Tisch gelehnt (Seite 14/15).

Wie man sich hält: die Schreibhaltung

Es gibt sehr viele unterschiedliche Schreibhaltungen.
Doch was zum Beispiel für einen Pianisten wie Glenn Gould zum „Markenzeichen“ wurde, nämlich seine niedrige Sitzhöhe, ist beim Schreiben ungünstig. Das Schreibbrett würde dann zu steil am Tisch lehnen.
Das Gegenteil davon, eine über das flache Schreibbrett gebeugte Haltung, ist genauso ungünstig.
Und so geht das Schreiben am leichtesten und besten:

- ❍ Wählen Sie einen Stuhl mit Rückenstütze und möglichst mit verstellbarer Sitzhöhe. Ihre Beine sollten im rechten Winkel gebeugt sein.
- ❍ Sitzen Sie gerade auf dem Stuhl, nehmen Sie das Schreibbrett in die Sitzbeuge und legen sie es an der Tischkante an. So hat man eine gute Sicht auf das gesamte Schriftblatt. Und man ermüdet nicht so schnell.

Das Tuscheglas steht seitlich, so daß es mit dem gestreckten Arm erreichbar ist.

❍ Bei richtiger Arm- und Handhaltung (etwa im rechten Winkel) schreibt der ganze Arm mit, nicht nur die Fingerspitzen. Die Tusche fließt gleichmäßig aus.
Die andere Hand liegt neben der Schreibfläche oder hält das Schreibbrett.

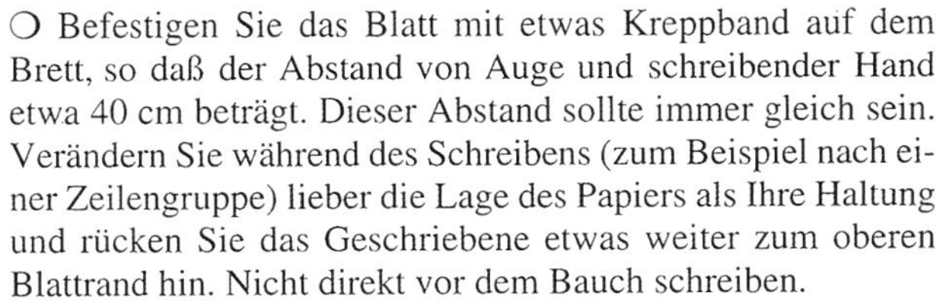

❍ Befestigen Sie das Blatt mit etwas Kreppband auf dem Brett, so daß der Abstand von Auge und schreibender Hand etwa 40 cm beträgt. Dieser Abstand sollte immer gleich sein. Verändern Sie während des Schreibens (zum Beispiel nach einer Zeilengruppe) lieber die Lage des Papiers als Ihre Haltung und rücken Sie das Geschriebene etwas weiter zum oberen Blattrand hin. Nicht direkt vor dem Bauch schreiben.

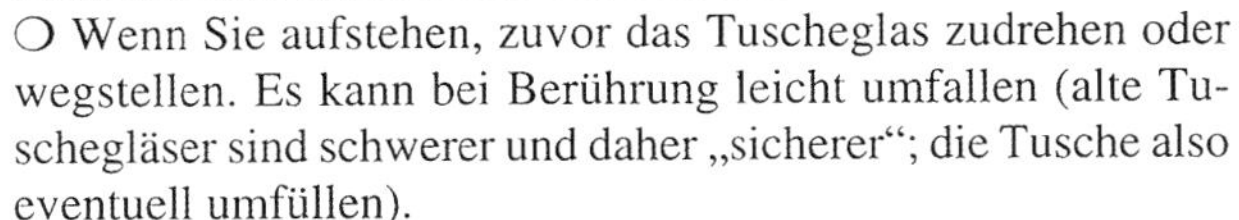

❍ Wenn Sie aufstehen, zuvor das Tuscheglas zudrehen oder wegstellen. Es kann bei Berührung leicht umfallen (alte Tuschegläser sind schwerer und daher „sicherer"; die Tusche also eventuell umfüllen).
❍ Und noch ein Tip: Schreiben Sie nur, wenn Sie guter Laune sind oder Ihre Laune verbessern möchten. Sonst mißlingt es.

A

Papiere

Hier werden einige Papiere oder – wie es genau heißen müßte – Beschreibstoffe vorgestellt, die sich für die Kalligraphie eignen.
Grundsätzlich läßt sich alles „beschreiben“, was keine zu rauhe oder zu glatte Oberfläche aufweist oder aber fettig ist. Die Wahl sollte nie unabhängig vom Schreibgerät erfolgen.
Echte Japanpapiere sind sehr schön, aber Stahlfedern würden sich in den Pflanzenfasern des Papiers verhaken. Tusche verfließt außerdem recht stark. Korrekturen sind kaum möglich. Deshalb schreiben Japaner und Chinesen mit Pinseln und angeriebener Stangentusche, die nicht ausfließt.
Für Stahlfedern ist gut geleimtes Papier ideal.
Daneben gibt es noch ein ganze Reihe weiterer Papiere.

Die Abbildung links zeigt in der unteren Reihe:
❍ Transparentpapier zum Anlegen von Skizzen und Pausen.
❍ Tonpapier – hier in Grau –, das eine samtige Oberfläche aufweist. In den Formaten 50 x 70 cm und 70 x 100 cm und in zahlreichen Farben erhältlich. (Bietet sich an für Schmuckblätter oder Umschläge, in denen dann Glückwünsche liegen.)
❍ Maschinenbüttenpapier, hochweiß oder leicht chamois getönt, durchscheinend, DIN A2. Für alle freien Arbeiten.
❍ Maschinenglatter Zeichenkarton mittlerer Qualität und Stärke. Hier ein leicht vergilbter Bogen und gefalzte weiße Tischkärtchen. In vielen Farben erhältlich. Auch gut geeignet für Plakate und Schildchen.
❍ Braunes Papier von DIN A4 bis DIN A1.
❍ Echtes Büttenpapier. Es sollte nicht zu stark strukturiert sein.
❍ Pergament – hier Kalbspergament – für Kostbares, mit schöner Äderung und naturbelassenen Rändern. Die äußere Seite ist immer etwas glatter als die innere. Der Handel bietet ganze Häute (Rind, Schaf, Ziege, Schwein) an; beim Buchbinder fallen Reste ab, die praktisch sind für Probezwecke.

In der oberen Reihe:
❍ Ingrespapiere, hier in Rotbrauntönen, benannt nach dem französischen Maler Ingres. Mit typischer Längs- und Querstruktur. Sehr gut zu beschreiben. In den verschiedensten Tönen. Für dunkle Papiere eignet sich weiße oder leicht getönte Farbe beziehungsweise Tusche. Formate: 70 x 100 cm, mindestens aber 42 x 60 cm.
❍ Matte, leicht gelbliche Büttenpapiere mit selbstgefertigten Farbverläufen. Die gezeigten Papiere wurden von einer mit Acrylfarbe bestrichenen Glasplatte „abgezogen“. Die Ränder solcher Büttenpapiere sollte man nicht beschneiden.
❍ Fotokarton, etwas stärker als Tonpapier.

Nicht im Bild, aber für alle Übungen und Entwürfe unentbehrlich sind gut geleimte Kanzleibögen in DIN A3 mit 5-mm-Karos. Einfaches Schreibpapier in DIN A4, gefaltet auf A5, dient als „Schmierpapier“: Während der Arbeit ist es oben (bei Rechtshändern rechts oben) am Schreibbrett angeheftet; so kann man die Feder nach jeder neuen Farbaufnahme abstreifen und den Strich „testen“.

Vor dem Beginn

Denken Sie bei der Wahl Ihres „Arbeitsplatzes“ daran, daß der schönste Platz in Fensternähe ist, denn Tageslicht ist ausgeglichener als Kunstlicht. Wenn Kunstlicht erforderlich wird, empfiehlt es sich, eine verstellbare Lampe zu verwenden. Das Licht kommt bei Rechtshändern am besten von vorne links, dann fallen die Schatten nicht auf die Schreibfläche.
Der Tisch sollte mindestens 80 cm breit sein, damit Werkzeug und Material noch neben der Schreibhand Platz finden.
Neue Federn müssen übrigens vor dem ersten Gebrauch entfettet werden. Stecken Sie die Feder zusammen mit der Überfeder zunächst in einen runden Federhalter (zwischen Zunge und Metallring), so daß sie fest sitzt. Dann brauchen Sie lediglich ein brennendes Streichholz darunter zu halten oder die Feder mit etwas Speichel abzuwischen. Wenn Sie anfangen zu schreiben, achten Sie darauf, daß die Überfeder unmittelbar hinter der vorderen Federkante sitzt. Die Überfeder reguliert den Fluß der Tusche oder Tinte.
Befestigen Sie das gewünschte Papier (siehe Seite 24) auf dem Schreibbrett. Nehmen Sie dieses in die Sitzbeuge ... dann kann es losgehen.

Einige Gliederungsbeispiele

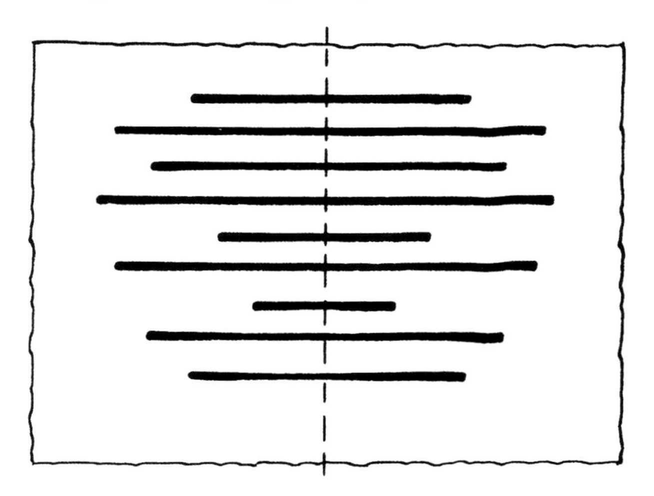

Anordnung mit Mittelachse und stark variierenden Zeilenlängen: Bietet sich an für klassische Prosa- oder Lyriktexte mit harmonischem (undramatischem) Inhalt. Hier sind keine Trennungen nötig; auch Satzzeichen können entfallen.

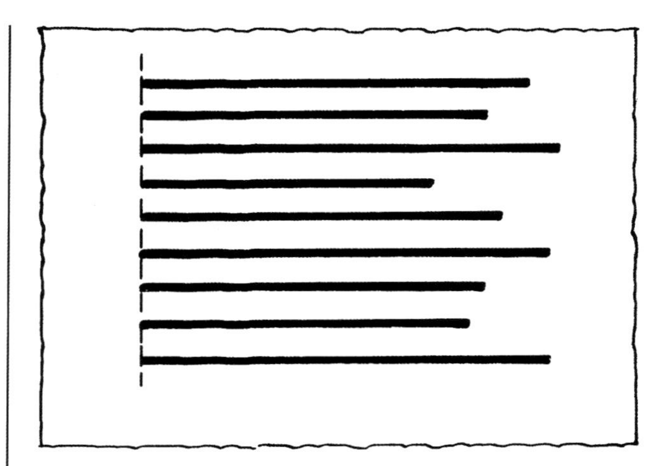

Linksbündige Anordnung mit unterschiedlich langen Zeilen: Flüssig zu lesen, unproblematisch zu schreiben; vielseitig, modern in der Wirkung. Paßt zu Prosa jeder Art. Zwischen zwei Gruppen eine Zeile frei lassen.

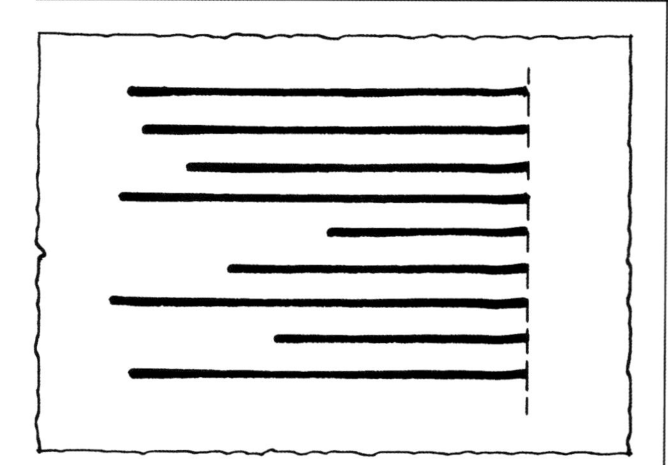

Rechtsbündige Anordung mit nicht zu kurzen Zeilen: Bremst den Lesefluß, verleiht jeder Zeile Gewicht. Gut bei kürzeren Texten mit Bedeutung (zum Beispiel Lyrik). Erfordert eine gute Vorbereitung jeder Zeile (Skizze).

Zeilenversetzte Anordnung mit gleichen oder nur leicht unterschiedlichen Zeilenlängen (zu Beginn eine lange Zeile): Bei größeren Texten ausgesprochen angenehm fürs Auge; gut lesbar. Eine Möglichkeit, Prosa jeder Art aufzulockern.

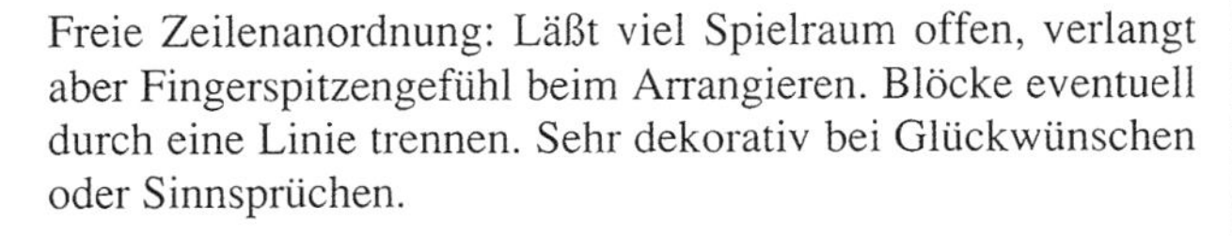
Freie Zeilenanordnung: Läßt viel Spielraum offen, verlangt aber Fingerspitzengefühl beim Arrangieren. Blöcke eventuell durch eine Linie trennen. Sehr dekorativ bei Glückwünschen oder Sinnsprüchen.

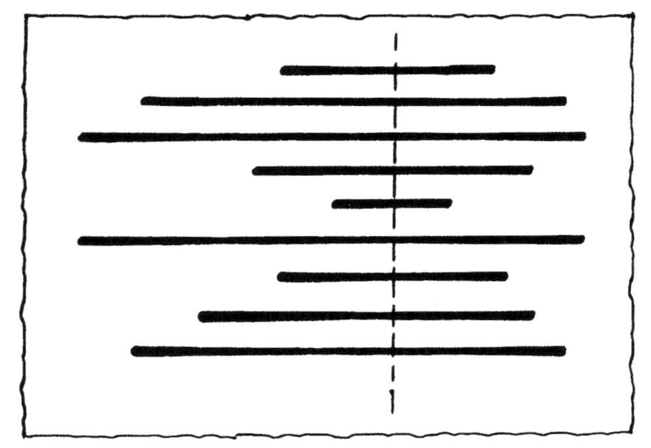

Anordnung mit seitlich verschobener Achse: Feines Auswiegen notwendig; am schönsten mit ganz langen und ganz kurzen Zeilen. Wirkt spannungsvoll und trotzdem harmonisch. Weniger für moderne als für „romantische" Inhalte.

„Blocksatz": Häufigste Satzform in Büchern und Zeitungen, aber schwierig zu schreiben. Rechter Rand kann leicht ausfransen. Als Spannungselement am besten eine Initiale einbauen. Für alle Prosatexte (auch ganz sachlicher Art) geeignet.

„Formsatz": Macht nur Sinn, wenn die Form Bezug zum Inhalt des Textes hat (zum Beispiel Haus bei Hauseinweihung, Herz für Liebesbrief ...). Wirkt interessant und kunstvoll, braucht aber viel Geschick.

Wie man zu einem schön gestalteten Schriftblatt kommt

1. Eventuell zunächst mit Bleistift eine Grobskizze anfertigen, um einen Überblick über die Textmenge zu bekommen.
Dann den Text in der gewünschten Größe vorschreiben. Dafür kariertes Papier vom Format des Schriftblattes nehmen und leicht vorlinieren (Mittellängen, Ober- und Unterlängen). Mißlungenes nochmals schreiben.

2. Die Textzeilen knapp ausschneiden, mit möglichst wenig Rand. Sinnvolle Wortgruppen zusammenlassen, keine kurzen Einzelwörter ausschneiden.

3. Auf einem zweiten Bogen Karopapier in der gedachten Endgröße den Text auslegen. Auf sinnvolle Wortgruppierungen achten. Die Anordnung soll die eigene Interpretation deutlich machen. Die Arbeit auch aus größerem Abstand (und mit fast geschlossenen Augen) betrachten: Harmoniert die Anordnung von Schrift und Freiraum? Letzterer ist genauso wichtig wie die Textfläche. Mehrere Versionen ausprobieren.
Auf der Rückseite der Streifen mit den Fingern etwas Gummilösung verstreichen; dann die Wörter und Zeilen durch Andrücken fixieren.

4. Ist das gewählte Originalpapier undurchsichtig (z.B. Ingrespapier), mit Hilfe von Transparentpapier eine Pause anfertigen: Transparentpapier auf den Text legen, an der Oberkante leicht mit Kreppband fixieren und mit einem weichen Bleistift den Stand der Zeilen und die Konturen nachzeichnen.

5. Das Transparentpapier wenden, mit dem weichen, flach aufgesetzten Bleistift die Konturen der Schrift schwärzen. Dann Transparentpapier auf das Originalpapier legen, fixieren und mit einem harten Bleistift die Konturen durchdrücken.

6. Das Transparentpapier abnehmen; der Text ist jetzt auf dem Originalpapier und kann nachgeschrieben werden. Größere Initialen, die Akzente setzen sollen, zunächst noch aussparen und erst nach dem fortlaufenden Text ausarbeiten.
Ist das Originalpapier leicht durchscheinend, dieses direkt auf den Entwurf legen und mit Kreppband befestigen. Mit einem weichen Bleistift die Ober- und Unterkante der Schrift linieren, dann den Text schreiben.
Erst wenn die Tusche ganz trocken ist, die Hilfslinien vorsichtig mit einem weichen Radiergummi entfernen.

B

DIE SKELETT- ODER BLOCKSCHRIFT

Die Skelett- oder Blockschrift wurde Anfang unseres Jahrhunderts auf der Grundlage der römischen Steinschrift entwickelt. Die antiken Zeugnisse sind – wie der Name sagt – in Stein gemeißelt. Die typischen Eigenschaften dieser Steinschrift: Waagrechte, Senkrechte, Schrägen, Rundungen und Bögen weisen gleiche Stärken auf. Kreis-, Dreieck- und Quadratformen bestimmen das Bild. Die klaren Formen regten die Künstler des Bauhauses an, als Reaktion auf die verschnörkelten Buchstaben des Historismus und Jugendstils eine sachliche Schrift zu konstruieren.
Dank der einfachen „Bauweise" bietet sich die Skelett- oder Blockschrift für den Einstieg in die Kalligraphie geradezu an. Sie kann gleichermaßen von Links- wie von Rechtshändern geschrieben werden. Ein weiterer Vorteil: Sie ist wandlungsfähig wie keine zweite Schrift. So eröffnet sie zahlreiche Möglichkeiten der Anwendung. Sie eignet sich für sachliche Texte jeder Art – für Hinweise, Mitteilungen, Beschriftungen –, aber auch für Signets oder dekorative Buchstabenspiele, wie rechts eines abgebildet ist (Beschreibung Seite 36).

Aa Bb Cc

Aa Bb

Dd Dd Ee Cc

Ee

Ff Ff Gg Hh

Gg

Ii Ii Hh Kk

Wie man anfängt

Die Skelett- oder Blockschrift kann im Prinzip mit allen „Werkzeugen“ geschrieben werden, die gleich starke Schreibspuren hinterlassen: mit einem dicken Filzstift, einem runden Borstenpinsel oder einem gerade abgeschnittenen Rohr, ja selbst mit einem Streichholz. Die saubersten Konturen erzielt man jedoch mit einer Redispfannenfeder (mit Über- und Unterfeder).
Für die folgenden Übungen verwenden Sie eine 3 mm starke Feder. Damit diese einen gleichmäßigen „gesunden“ Strich entwickelt, muß sie im richtigen Winkel aufgesetzt werden (Abbildung). Führt man sie zu steil, wird der Strich dünn und franst aus. Bei zu starker Neigung wirkt er „gekleckst“ und sehr breit. Im übrigen muß die Spitze – eine kleine runde Platte – flach aufliegen. Die Feder darf weder gedreht noch verkantet werden.
Ziehen Sie die Feder mit sanftem Druck zu sich hin bzw. von links nach rechts. Nie von sich wegschieben! Die Finger der Schreibhand gleiten leicht über das Papier und sorgen für den richtigen Winkel.

Die Übungen dieses Bandes sind alle in Originalgröße abgebildet. Die Großbuchstaben der Blockschrift haben eine Höhe von 2 cm; die Striche sind 3 mm stark. Bei dieser Größe sind Buchstabe, Wort und Text in ihrem Aufbau und Bewegungsablauf für Auge und Hand am besten nachvollziehbar.
Bevor Sie mit der ersten Übung beginnen, befestigen Sie einen geöffneten Bogen Kanzleipapier mit 5-mm-Karos (DIN A3) quer auf dem Schreibbrett. Ein zweiter Bogen dient als Unterlage. Das Papier wird an den Ecken von Kreppstreifen gehalten.
Ziehen Sie mit einem weichen Bleistift an einem Lineal oder einer Reißschiene entlang Hilfslinien: An den Rändern bleiben vier Kästchen frei, unten etwas mehr; so wirkt die Verteilung harmonisch. Die Schriftzeilen sind vier Karos, also 2 cm hoch, der Abstand dazwischen beträgt zwei Karos.
Oben auf das Schreibbrett haben Sie ein Notizblatt (DIN A6) geheftet, wo Sie die Feder nach dem Eintauchen abstreifen.
Setzen Sie sich nun entspannt hin, und nehmen Sie das Schreibbrett in die Sitzbeuge. Das Tuscheglas, das neben dem Brett steht, sollten Sie mit der Feder leicht erreichen können. Tauchen Sie die Feder nicht zu tief ins Glas, machen Sie eine Probe auf dem Notizblatt.

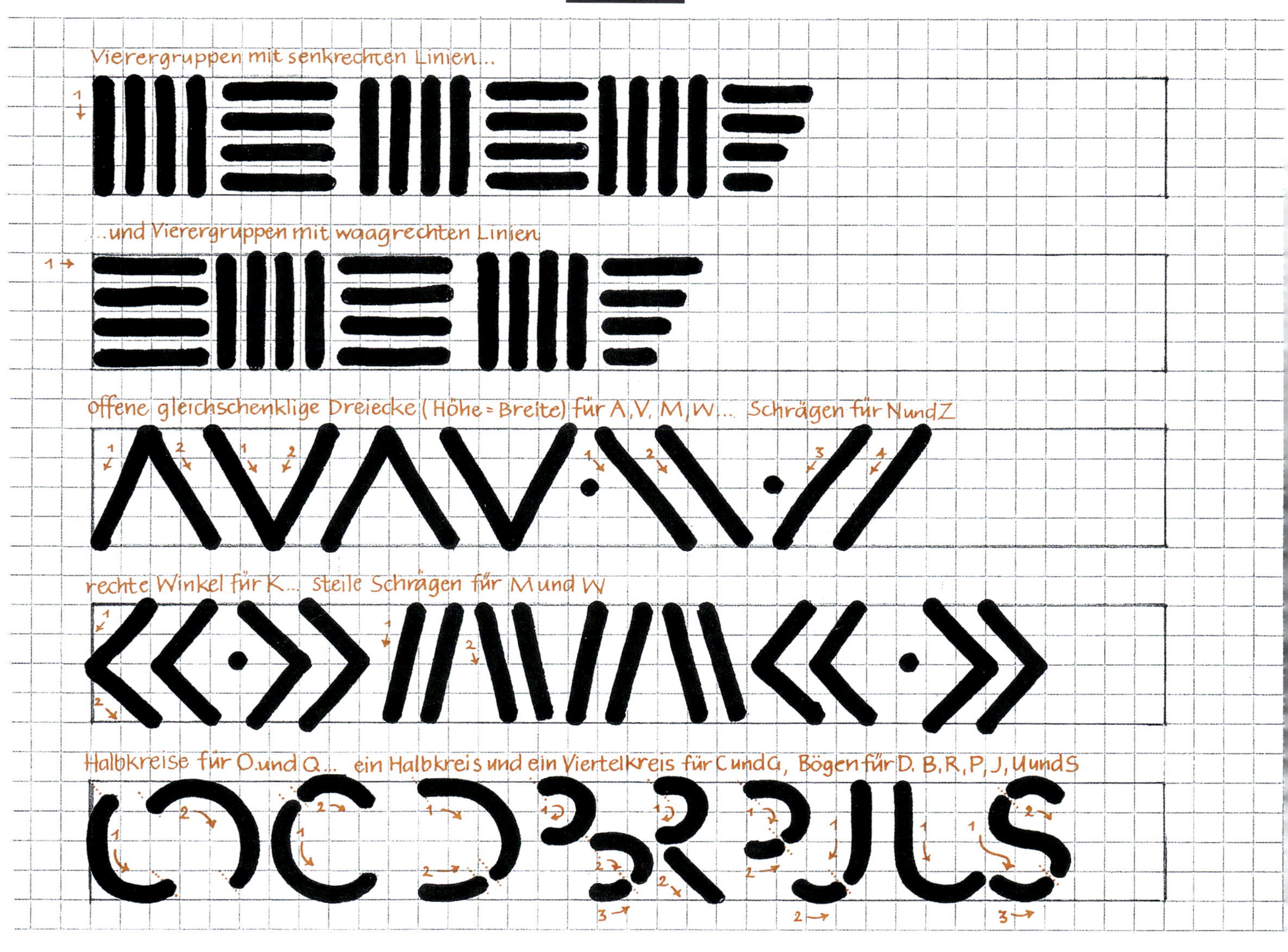

Bewegungseinheiten

Diese Übung beinhaltet sämtliche Bewegungseinheiten der Blockschrift: Senkrechte, Waagrechte, Schrägen, Winkel, Punkte, Rundungen und Bögen.

Als Grundregel gilt: Die Striche werden „gefällt". Das heißt bei senkrechten und schrägen von oben nach unten arbeiten, bei waagrechten von links nach rechts.

Zügig und mit Druck schreiben, ohne die Feder auf das Papier zu pressen. Die Stelle, die man erreichen will, fest ins Auge fassen.

Bei Punkten die Feder lediglich einmal sanft aufsetzen.

Das Brett nicht drehen. Die Hand bestimmt die Schreibrichtung.

„Krumme" Striche bei Übungen ruhig stehenlassen.

Spiel mit Bewegungseinheiten
Auch mit Bewegungseinheiten läßt sich ein Schmuckblatt gestalten.
Mit zwei Federn gleicher Stärke (3 mm) und zwei verschiedenen Farben – hier Schwarz und Rotbraun – arbeiten.
Auf einem DIN-A3-Papier schwarze V-Formen verteilen. Links oben beginnen und die normale Schreibrichtung einhalten. Fünf Minuten warten, bis die Tusche wischfest ist. Nun rotbraune V-Formen hinzufügen. Das Brett nicht drehen. Entsprechend folgen auf dem Kopf stehende Formen und Halbbögen. Zwischen den einzelnen Elementen etwas Luft lassen. Zuletzt größere Leerräume mit Punkten füllen.

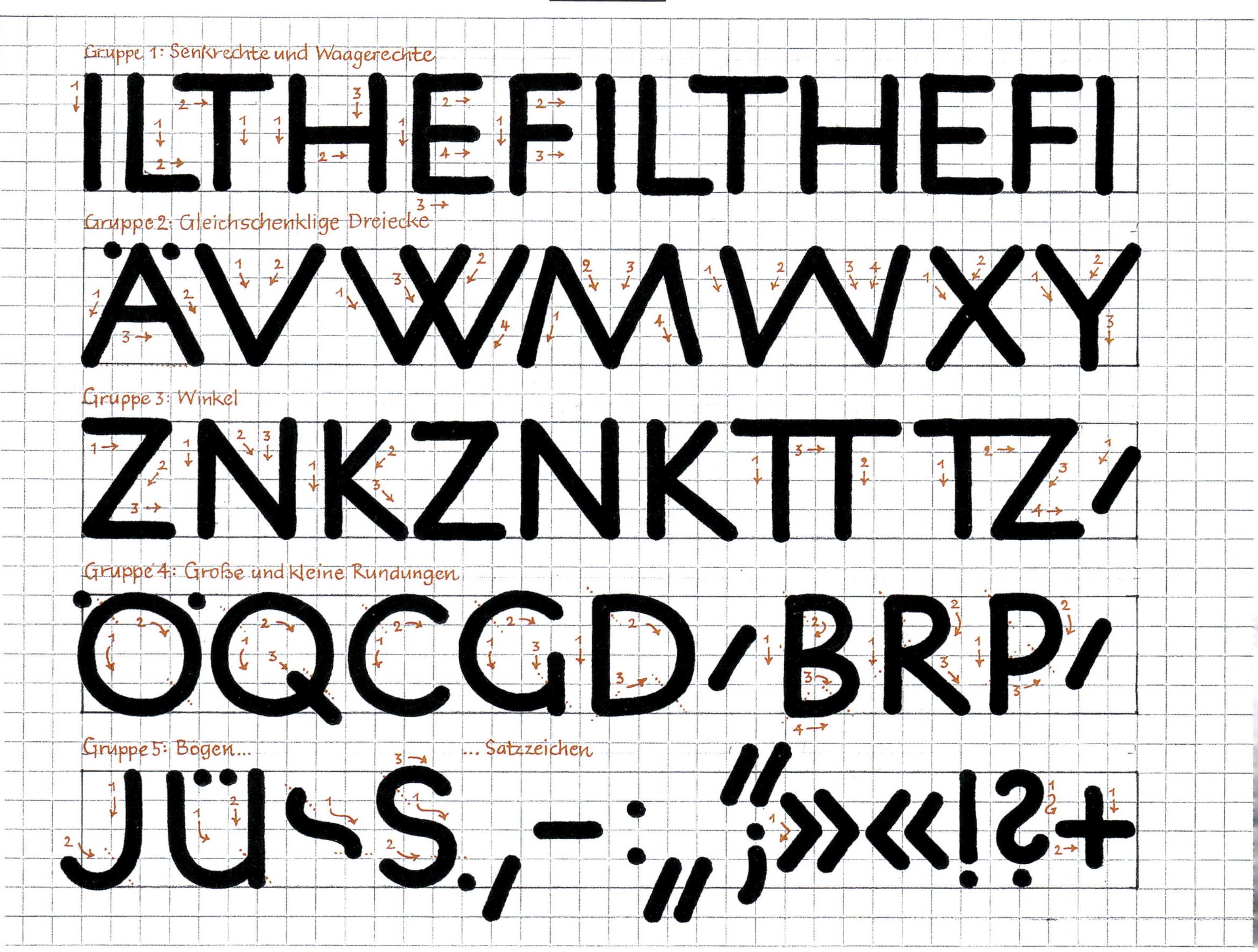

Großbuchstaben

Zeile 1: Die Basis ist ein verschlanktes Quadrat. Querbalken liegen etwas über der Mitte. E- und F-Balken beachten.

Zeile 2 und 3: Der Querbalken des A sitzt unter der Mitte. Auch die Striche des Y treffen sich knapp darunter. W gibt es in einer älteren Form (die erste) und einer jüngeren.

Zeile 4: Halb- oder Dreiviertelkreise bilden große Rundungen. Bei B und R ist der Bogen größer als ein Halbkreis. Bei P und D ist er noch „fülliger", bei P endet er unter der Mitte.

Zeile 5: Bei J, U, S sind die Bögen gleich groß. Die Punkte des Ü liegen innerhalb der Form. Die französischen Anführungsstriche (» «) sind besonders schön bei Großbuchstaben.

Spiel mit Versalien

Übung, Spiel und Schmuck zugleich: Auch wenn Sie noch nicht viel Erfahrung mit der Blockschrift haben, können Sie bereits dekorative Schmuckblätter entwerfen. Der Aufwand ist gering.

Das rechts abgebildete Beispiel enthält ausschließlich Großbuchstaben – Versalien, wie es fachsprachlich heißt. Die vorausgegangenen Übungen haben Ihnen ihre Formen und Proportionen nahegebracht. Das oben wiedergegebene Schema aus Senkrechten, Waagrechten, Dreiecken, Winkeln und Kreisen faßt diese Formen auf engstem Raum zusammen und macht ihre Relationen deutlich.

Nun einige Hinweise zu dem Schmuckblatt auf der rechten Seite: Es wurde auf einem weißen Papier im DIN-A3-Format gestaltet. Das Papier ist ein wenig durchscheinend, was den Vorteil hat, daß man ein kariertes Blatt unterlegen und sich daran orientieren kann. Dadurch lassen sich unschwer einigermaßen gleich große Buchstaben erzielen.

Geschrieben wurde mit zwei Redisfedern von 3 mm Stärke und mit Tusche in Schwarz sowie Rotbraun. (Für Schwarz und die Zweitfarbe nie dieselbe Feder verwenden. Sie würde verstopfen.)

Zunächst wurden die 26 schwarzen Buchstaben über die Fläche gestreut. Der Beginn war wieder oben links, dann ging es in der normalen Schreibrichtung weiter. Die in der Höhe leicht versetzten Buchstaben und die deutlichen Abstände von etwa 3 cm sorgten für eine lockere Wirkung.

Nachdem das Schwarz getrocknet war, kamen rotbraune Buchstaben an die Reihe. Die Leerräume wurden unregelmäßig gefüllt. Die rotbraunen Buchstaben rückten mal mehr, mal weniger zu den schwarzen hin. Das Ergebnis ist annähernd ein Quadrat von 20 cm, in das von allen Seiten Weiß eingreift.

Wenn Sie dieses Schmuckblatt nacharbeiten, kopieren Sie es nicht, sondern streuen Sie die Buchstaben in beliebiger Weise.

Wortbildung ohne Wortzwischenraum: Zwischen Senkrechten ein # Abstand, mindestens aber eine Strichstärke

HEFEHILFEFETT

Bei W und A „Überschneidung" und „Unterschneidung". L und T stehen sehr nahe bei den Nachbarn.

WAFFELFAXE'

K und A berühren sich fast, TZ und TT sind zu „Ligaturen" verbunden.

KATZENKETTE-

Rundungen rücken nahe zum Nachbarn. Umlautpunkte ragen leicht über die Oberkante.

BROTÖKOLOG:

Also optisch gleiche, keine „mathematischen" Abstände.

JUSTIZIRRTUM

Abstände

Hier einige Faustregeln für die Abstände zwischen Buchstaben, Wörtern und Zeilen. Zugrundegelegt wird die bisherige Schriftgröße. Dabei geht es nicht um exakt meßbare mathematische Größen, sondern um optisch wahrnehmbare Einheiten.

Der Abstand zwischen Buchstaben

Machen Sie den größten Abstand zwischen Senkrechten, nämlich 4 bis 5 mm. Eine Senkrechte und eine Rundung rücken Sie etwas näher zusammen, bis auf 3 mm etwa. Rundungen sollten ganz eng nebeneinanderstehen, allerdings ohne sich zu überschneiden. Satzzeichen stehen nahe bei den Wörtern.

AU SG LE ICH ?
AUSGLEICH !
ZUENGERSTAND
Z U W E I T !
ALS ABSTAND

Der Abstand zwischen Wörtern
Denken Sie sich zwischen den Wörtern ein großes I, dann füllt sich die Zeile gleichmäßig ohne „schwarze Nester“ und „weiße Löcher“. Bei reinen Übungsblättern sollten Sie die Wörter ruhig „zerreißen“ und die Zeilen ohne Rücksicht auf Silbentrennung füllen.

Der Abstand zwischen Zeilen
In der Regel sind 5 bis 10 mm Zeilenabstand das Minimum. Bei 15 mm (hier bei 3 Karos) würde der Text zu sehr auseinanderfallen.
Bei dekorativen Blättern dürfen sich die Zeilen allerdings fast berühren (nicht überlappen).

Einst sang ein Schwan ...

Fabeln sind eine Fundgrube für Kalligraphen. Zahlreiche Passagen sind sprachlich und gedanklich so reizvoll, daß sie die Umsetzung in eine ausdrucksstarke und angemessene Schrift – und damit eine eigene Interpretation – geradezu herausfordern.

Gottlieb Conrad Pfeffels (1736–1808) Fabel vom Schwan wurde hier in der sachlichen Blockschrift gestaltet.

Das S dieser Schrift, das auch im Namen des Tieres auftaucht, erinnert an die Form eines Schwanenhalses. Die Beschränkung auf Großbuchstaben hat den Vorteil, daß dieses „Symbol“ sich mehrfach wiederholt.

Das Thema des Wassers spielt beim leichten Auf und Ab der Buchstaben mit. Durch den Wechsel der Farben Schwarz und Rotbraun ergeben sich Spiegelungen.

Den Text habe ich mit zwei Redisfedern von 3 mm Stärke auf chamoisfarbenes „Deutsch-Japan-Papier“ geschrieben. Das Originalblatt ist 37 cm breit und 57 cm hoch; dieses Maß paßt noch gut auf ein Schreibbrett. Der Textblock, der sich etwa in der Mitte befindet, hat ein Format von 23 auf 52 cm. Die Buchstaben sind 2 bis 2,5 cm hoch.

Es empfiehlt sich, zunächst mit Feder und Tusche eine „Skizze“ auf einem karierten Papier gleicher Größe zu machen. Man kann sie später gut als Unterlage für das Schriftblatt verwenden, da Deutsch-Japan-Papier leicht durchscheinend ist.

Seitlich habe ich etwa eine Handbreite Raum gelassen, oben etwas mehr. Die Buchstaben habe ich jeweils leicht nach oben bzw. unten versetzt, um die sanfte Unruhe des Wassers anzudeuten. Sie „tanzen“ jedoch nicht mehr als 5 mm aus der Reihe. Die Karos sind auch bei solch einer Arbeit eine gute Orientierungshilfe.

Man sollte sich bei Schriftblättern nicht sklavisch an den Zeilenfall des Originals halten. Ich habe die erste Zeile auf zwei Zeilen verteilt; diese bestimmten dann den Rhythmus. Letztendlich wurden aus ursprünglich sechs Zeilen dreizehn.

Die gedachten Grundlinien liegen hier nur 2,5 cm auseinander. So greifen die Zeilen ineinander.

Die Vignette oben habe ich in einem Zug mit einer Redisfeder der gleichen Stärke „geschrieben“. Dieser Schwan könnte statt einer Überschrift auf dem Schmuckblatt stehen.

EINST SANG EIN
SCHWAN
AUF EINEM SEE
SEIN LIED
SONST HÖRTEN'S
NUR
DIE SÖHNE APOLLS
NUN REIZTEN
SEINE TÖNE AUCH
EINE GANS
DIE SICH IM KLEE
DES UFERS
SONNTE

Kleinbuchstaben

Die Kleinbuchstaben der Block- und Skelettschrift sollen in einem harmonischen Verhältnis zu den Großbuchstaben stehen (hier 3:4).

Im Unterschied zu den Großbuchstaben wird die Schrifthöhe in Mittel-, Ober- und Unterlängen geteilt. Dies bringt eine bessere Lesbarkeit mit sich; das Auge haftet nicht an einer durchgehend gleichen Ober- und Unterkante, sondern folgt einem lebendigen Auf und Ab.

S-Formen

Bis 1950, als aus den USA international gültige Drucktypenmuster kamen, war es wichtig, zwischen „langem s“ und „rundem s“ zu unterscheiden. Der Text rechts verdeutlicht die Re-

B

früher enthielt
das kleinbuch-
ſtabenalphab
et ein anfangs-
ſilben-ſ u.rund-s

gelung: Ein „langes s“ steht am Silbenbeginn und bei den festen Buchstabenverbindungen ss, st, sp, sch. Am Silben- und Wortende steht ein „rundes s“. Puristen halten sich auch bei der Skelettschrift daran. Ansonsten kann man gerade bei dieser Schrift die Regel locker handhaben und allein das „runde s“ verwenden. Innerhalb eines Textes sollte man dann bei dem einmal gefaßten Beschluß bleiben.

Der Abstand zwischen Buchstaben und Wörtern

Buchstabenfolgen organisch anschließen. Rundungen berühren sich fast. Zwischen einer Rundung und einer Senkrechten bleibt etwas mehr Raum. Wenn Senkrechte nebeneinanderstehen, mindestens eine Federstärke Abstand lassen.
Für den Abstand zwischen Wörtern gilt: Ein i dazwischen denken, und die Zeile schließt sich.

Abc-Schmuckblatt

(Seite 23)

Das Schmuckblatt auf Seite 23 wurde mit zwei Farben – schwarzer und rotbrauner Tusche – auf chamoisfarbenes Deutsch-Japan-Papier geschrieben (Blattgröße 23 x 23 cm; Schriftgröße wie hier wiedergegeben). Es wurde ohne Vorzeichnung, immer dem gleichen Rhythmus folgend, gestaltet: Zunächst großes A und kleines a in Schwarz, jeweils schräg nach rechts unten versetzt, anschließend großes A und kleines a in Rotbraun. Die zweite Zeile beginnt dann mit Rotbraun, es folgen schwarze Buchstaben. Der Abstand zwischen den zusammengehörenden Buchstaben einer Farbe ist besonders gering, so daß sich hier Paare bilden.

Wenn Sie das Blatt nacharbeiten oder ein ähnliches Blatt mit anderen Buchstaben anlegen, können Sie sich die „Orientierung“ durch Hilfslinien erleichtern: Einfach mit einem weichen Bleistift ein Gitternetz mit 5-mm-Karos andeuten (oder kariertes Papier nehmen) und einige schräge Linien im Abstand von 3,5 cm von oben links nach unten rechts ziehen (zuerst eine Diagonale, dann Parallelen dazu).

Für Buchstaben in der abgebildeten Größe am besten Redisfedern von 3 mm Stärke verwenden.

Halten Sie auf jeden Fall zwei Federn bereit – eine für jede Farbe.

Tröstlich

Die rechte Seite zeigt die erste Strophe eines Gedichtes von Wilhelm Busch (1832-1904), genauer gesagt: eine Interpretation dieser Strophe.

Der ursprüngliche Vierzeiler ist auf neun Zeilen verteilt. Der Haupttext wurde mit einer 2,5 mm breiten Redisfeder in Schwarz geschrieben, der Titel und die Schlußzeile mit einer 3-mm-Feder in Rotbraun (rote und braune Tusche gemischt). Für die Angabe der Quelle (auf der Basis der letzten Zeile) wurde eine feine Feder von 1,5 mm genommen.

Das Blatt ist hier verkleinert wiedergegeben. Das Originalformat des Papiers (chamoisfarbenes Deutsch-Japan-Papier) beträgt 30 x 40 cm. Die Versalien sind 2 cm hoch, in der Schlußzeile sind sie etwas höher, nämlich 2,3 cm.

Das Gliederungsprinzip sieht folgendermaßen aus: Die erste Textgruppe ist linksbündig angeordnet. Ein freier Raum von 2,5 cm trennt sie von der zweiten Gruppe. Diese ist im wesentlichen rechtsbündig ausgerichtet. Die beiden Zeilen mit den Schlüsselwörtern „nachher“ und „ICH BIN'S“ sind weiter herausgerückt und enden nun zusammen mit dem Schlußpunkt der ersten Strophe in einer Senkrechten.

Diese Sonderstellung, die rotbraune Farbe, die Versalschrift und die Breite der Linien verleihen der letzten Zeile formal wie auch inhaltlich ein besonderes Gewicht.

Um ein solches Schriftblatt zu gestalten, schreibt man den Text zunächst zügig „hintereinanderweg“ auf kariertes Papier. Dann wird er ausgeschnitten, in Sinngruppen arrangiert und aufgeklebt und zuletzt mit Hilfe von Pausen auf das gewünschte Originalpapier übertragen (Seite 20/21).

Tröstlich

Die Lehre von der
Wiederkehr
ist zweifelhaften Sinns.

Es fragt sich sehr,
ob man
nachher
noch
sagen kann:
ICH BIN'S.

1. STROPHE EINES GEDICHTS V. WILH. BUSCH

Modifikation in der
Laufweite ist
ebenso möglich wie
kursive Stellun
G'ENG oder OFFEN

Modifikationen

Laufweite
Der Charakter einer Schrift ändert sich mit der Laufweite. Unterschiedliche Grauwirkungen kommen zustande.
Probieren Sie verschiedene Möglichkeiten aus: Schreiben Sie – wie hier in der ersten Zeile – betont „schlanke“ Buchstaben. Aber nehmen Sie dafür ein ganzes Blatt. Oder ziehen Sie die Buchstaben bei gleichbleibender Größe in die Breite. Jetzt nimmt der Abstand zwischen den Buchstaben und Wörtern zu.
Die Buchstaben können auch schräg statt gerade stehen. Dabei sollte die Neigung gleichmäßig sein. Kariertes Papier mit schrägen Linien ist hier eine gute Hilfe (Seite 102).
Die Beispiele zeigen: Texte in Groß- und Kleinbuchstaben sind besser lesbar als Texte in Versalien. Breitere Buchstaben sind leichter zu lesen als schmale, gedrängte.

KONTUREN-

ODER SCHATTEN

lassen sich um die Groß-
buchstaben legen, die Schriftgröße läßt sich ändern, die Federstärke sollte kontinuierlich abnehmen.
Wenn man jetzt noch unterschiedliche Zeilenabstände
einsetzt, lassen sich damit fast unendlich viele Variationsmöglichkeiten erreichen! —

Konturenschriften
Besonders interessant können Konturenschriften wirken – mit und ohne Schatten. Sie sind recht einfach zu produzieren: Die Schriftvorlage in der gewünschten Größe kopieren, ein Transparentpapier (DIN A3 oder DIN A4) darüberlegen und mit zwei Streifen Kreppband oben befestigen. Nun lediglich mit einer Redisfeder die Außen- und Innenkanten der Schrift nachziehen.

Schriftgrößen
Auch bei kleineren Schriftgraden ist es wichtig, die Proportionen beizubehalten.
Kleinere Größen verlangen feinere Federn. Die Federstärken waren hier: 1 mm (1. bis 5. Zeile), 3/4 mm (6. und 7. Zeile) und 1/2 mm (letzte Zeile).
Um zu vermeiden, daß kleine Innenräume (z.B. e) zugehen, die Buchstaben eventuell etwas breiter schreiben.

Änderungen d
er Federſtärke
ergeben hellere
oder dunklere
Schriftbilder

Strichstärke
Optische Hervorhebungen lassen sich nicht nur durch veränderte Größen, sondern auch durch eine stärkere Strichbreite erreichen. Nimmt man bei gleicher Schrifthöhe eine breitere Feder, wirkt die Schrift fetter. Die üblichen Proportionen in der Höhe der Klein- und Großbuchstaben sollten aber beibehalten werden.

An Grenzen stößt man, wenn die Innenräume nicht mehr erkennbar sind und die Formen sich hier fleckartig schließen (z.B. e).
Bei dem Text oben wurde variiert zwischen Redisfedern von 4 mm und 3 mm Stärke.
Übrigens sind große Schrifthöhen mit dünnen Federn schwieriger zu schreiben.

Schreibwerkzeuge
Besonders stark prägt das Werkzeug die Schrift. Oben wurde ein abgebrochenes Streichholz verwendet. Die unregelmäßige Schreibspur entsteht zum Teil durch die Form des Gerätes, das dem Druck der Hand nur schwer nachgibt. Zum Teil ergibt sie sich auch dadurch, daß die Tusche schnell abfließt und das Streichholz häufig eingetaucht werden muß.

Bearbeitung der Form
Eine weitere Veränderung des Wortbildes läßt sich durch die nachträgliche Bearbeitung mit einer Breitfeder oder einem feinen Pinsel und Deckweiß erreichen. Im Beispiel oben wurden die runden Enden der Blockschrift mit der Zeichenfeder begradigt und mit einem Pinsel und Deckweiß geglättet. Ebenso wurden die Zwischenräume mit Deckweiß erweitert.

Collage aus den Kleinbuchstaben h und b

Grundlage für diese Collage aus aufgeklebten Kleinbuchstaben sind zwei Initialen: h und b.
Zunächst wurden sechs weiße Notizblätter in Postkartengröße genau aufeinandergelegt und am oberen Rand leicht fixiert. Mit einem Bleistift wurden die beiden Buchstaben als Kontur auf das oberste Blatt gezeichnet (Höhe 6,5 cm, Breite 4 cm): das kleine h mit einem schönen Bogen, das b als o mit einer Oberlänge. Die Buchstaben konnten nun in einem Vorgang sechsfach ausgeschnitten werden.
Als Kontrast sollten noch schwarze Buchstaben dazukommen: Zwei Papierstücke genügten. Die weißen Initialen wurden daraufgelegt, mit Bleistift umrissen, dann konnten auch die schwarzen Formen ausgeschnitten werden.
Anschließend wurden die weißen und schwarzen Buchstaben auf einem rotbraunen Tonpapier (ca. 33 x 23 cm), auf dem sie farblich gut zur Geltung kommen, angeordnet: „normal" stehend oder liegend oder spiegelverkehrt, nebeneinander, untereinander oder versetzt.
Jetzt brauchten die Buchstaben nur noch aufgeklebt zu werden. (Auf der Rückseite einige Tupfer Gummilösung gleichmäßig mit dem Finger verstreichen. Buchstaben vorsichtig auf die gewünschte Stelle legen, dann erst fest andrücken. Klebeflecken einfach abrubbeln.)
Probieren Sie einmal eine ähnliche Collage mit einem Fond Ihrer Wahl und mit Ihren Initialen.

Ziffern zur Block- oder Skelettschrift: Zwei 8-Formen:

12345678890·

2,3,5, 8a: Kreise mit halber Höhe. 6,9: Kreise mit Dreiviertel Höhe. 0: Kreis mit voller Höhe.

234567889011

Mehrstellige Ziffern eng aneinanderrücken,

3·8=24, 25.12.93

Ziffern und Wörter ohne große Abstände.

2Räder, 20km/h

Punkte nahe an die Ziffern rücken.

1.,2.,3.Sieger, 50.

Ziffern

Wichtig sind deutliche Unterschiede zwischen 1 und 7, zwischen 3 und 5 sowie zwischen 6, 9 und 0. Halbkreise sind die Grundformen bei 3 und 5, kleine Kreise bei 2 und 8, wobei der untere Kreis der 8 etwas größer ist als der obere. Alle Kreise wie das kleine o in Halbkreisen schreiben .

Ziffernblatt

Ein Kreis ist hier der Grundriß. Es folgt die normale Einteilung im Uhrzeigersinn. In einer zweiten Runde die Zahlen 1 bis 12 versetzt wiederholen. Nach innen weitere schwarze Ziffern streuen. Das Blatt um 90 Grad drehen und die Lücken in der Zweitfarbe füllen. (Mit zwei Federn schreiben.)

ABC
für Experimentierfreudige
Gummilösung direkt aus der Tube in Buchstabenform aufs Papier drücken. Die Linien mit dem Daumen nachfahren, um sie zu verbreitern. Trocknen lassen.
Dann einen in schwarze Tusche getauchten struppigen Pinsel grob an den Konturen entlangziehen.
So entsteht ein locker und frech wirkendes Blatt.

Blockschrift frei geschrieben
Schreiben Sie nach der „harten Übungsarbeit“ einmal mit einem 2 mm starken Filzstift. Er ist recht leicht zu handhaben. Verzichten Sie dabei ruhig auf das vorhergehende Linieren.
Links und oben genügend Weißraum lassen, zügig eine Zeile nach der anderen schreiben. Die Buchstaben nah aneinanderrücken und in der Höhe ein wenig versetzen oder auch variieren. Mit der Nachfolgezeile jeweils in dieses Auf und Ab eingreifen. Zur Auflockerung kleine farbige Formen in Buchstaben mit großem Weißraum einfügen.
Solch eine Komposition ist auch als Linolschnitt eindrucksvoll. (Schriftkonturen auf Transparentpapier durchpausen. Mit einem harten Stift seitenverkehrt auf weiß grundiertes Linol durchdrücken. Mit einem Linolschnittmesser schneiden.)

ABC

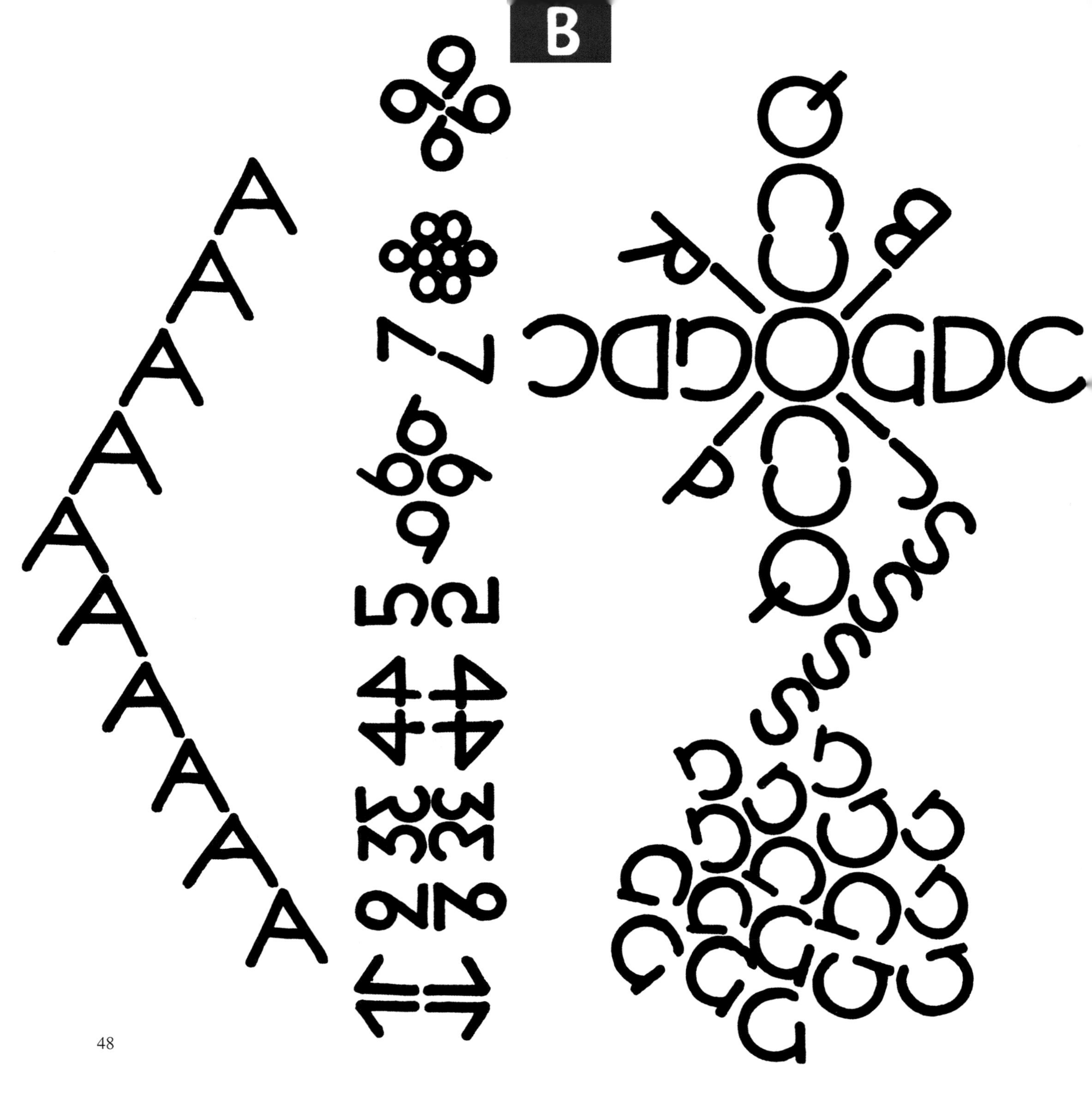

Überraschende Spiele
Näheres dazu auf Seite 50.

Überraschende Spiele

(Seite 48 und 49)

Der spielerische Umgang mit der Feder führt zu immer wieder neuen Ergebnissen. Lassen Sie sich von den „Gebilden" auf Seite 48 und 49 anregen ...
Die Beispiele wurden mit einer 3-mm-Redisfeder auf weißes Papier geschrieben. Sie sind verkleinert abgebildet. Im Original sind die Buchstaben – wie in den Übungen – 2 cm hoch.
Bei solchen Spielereien wird das Blatt immer wieder gedreht.

Die A-Akrobaten
Sie lassen Gesetzmäßigkeiten erkennen: Schräg übereinandergestellte A bilden bei Richtungsänderung eine große Pfeilform.

Gymnastik mit Ziffern
Seitenverkehrt, Kopf an Kopf oder Fuß an Fuß gestellt, formen Ziffern spannungsvolle Kleingruppen.

Rund ums O
Um ein O herum gruppieren sich große runde Buchstaben zu einem Kreuz. Weitere Buchstaben kommen hinzu, ein neues Bild – ein Stern – entsteht. Aneinandergereihte S führen hinunter zu einer Anhäufung früchteähnlicher G-Formen.

Alphabetbaum
Aus einer I-Wiese wächst ein H-Stamm mit einer Baumkrone aus zwei Alphabeten. Runde und eckige Buchstaben wechseln sich hier ab; die runden wirken wie Früchte.

Vulkan
Ein Dreieck aus pseudoarabischen Schreibspuren wird zu einem buchstabenspeienden Vulkan.
Die beiden Bildteile wurden zunächst unabhängig voneinander gestaltet.

Spiel der Kräfte

In diesem freien „Spiel der Kräfte" (rechts) ist ein komplettes Alphabet einschließlich Ziffern und Satzzeichen versammelt. Die einzelnen Elemente zeigen unterschiedliche Farben und Formen.
Das Papier – maisgelbes Bütten – ist 30 x 30 cm groß, das eigentliche Bild etwa 21 x 21 cm. Ich habe hier mit Redisfedern der Stärke 2, 3 und 4 mm geschrieben. Statt Tusche habe ich diesmal Aquarellfarben verwendet, und zwar jeweils zwei Blau-, Rot- und Gelbtöne. Dabei wurden die Farben mit einem Spitzpinsel in die Unter- und Überfeder gestrichen.
Der Anordnung der Zeichen liegt eine gewisse Regelmäßigkeit zugrunde, die sich allerdings nicht beim ersten Blick erschließt.

Am Anfang kamen die Großbuchstaben an die Reihe: Dazu habe ich das Blatt gedreht, so daß die rechte Ecke nach unten zeigte. Mit der dicken Feder und dem helleren Blau habe ich zunächst Zweiergruppen auf der Fläche verteilt. Ich schrieb weiter mit dem helleren Gelb und der mittleren Feder, dann mit dem helleren Rot und der dünnen Feder. Die Zweiergruppierung sorgt für eine gewisse Spannung.
Es folgten Zweiergruppen aus Kleinbuchstaben: dicke Zeichen in Dunkelblau, mittelstarke in Ocker, feine in Dunkelrot. Das Blatt lag jetzt gerade.
Für die Ziffern wurde das Blatt wiederum gedreht – diesmal nach links. Ich habe sie mit der 3-mm-Feder in Dunkelblau geschrieben – ebenso die Satzzeichen, mit denen ich Freiräume füllte und das Bild abschloß.

Am Schwarzen Brett

Da die Blockschrift sich sehr gut für alle Arten von sachlichen Mitteilungen eignet, hier ein Beispiel für die Gestaltung des Schwarzen Brettes in einer Schule.
Die Sparten erscheinen alle in der gleichen Grundschrift bzw. in modifizierten Formen dieser Schrift. Dadurch entsteht eine einheitliche Wirkung.
Um die Übersicht zu erleichtern, empfiehlt es sich:
❍ jeder Sparte einen festen Platz zu geben,
❍ ein einmal gewähltes Logo oder typisches Schriftbild beizubehalten,
❍ den Sparten bestimmte Farben zuzuordnen und dann jeweils Kopien auf farbigem Papier anzufertigen.

Das Schwarze Brett
Diese Schrift ist gezeichnet: Die Konturen wurden zunächst mit einer kräftigen Zeichenfeder angelegt und anschließend mit Tusche und Pinsel (Spitzpinsel 4) ausgefüllt bzw. umrahmt. Die Buchstaben sind etwa 3 cm hoch, beim mittleren Wort sind sie schlanker als bei den äußeren.

Unsere Mediothek
Hier werden Neueinkäufe bekanntgegeben.
Die knapp 2 cm hohen Buchstaben sind ausgesprochen schlank geschrieben; so nehmen sie wenig Platz ein. Sie haben die gleiche Stärke (3-mm-Redisfeder) wie die Linie, die sich am Rand des Blattes entlangzieht.

Die SMV lädt ein!
SMV ist mit einer 4,5 mm dicken Feder als Konturschrift geschrieben. Für den übrigen Text und den angedeuteten Bildschirm wurde eine 3-mm-Feder verwendet.
Die Termine werden auf einer jeweils neuen Kopie von Hand eingetragen.

Die Meckerecke
Die mit einer 2-mm-Feder geschriebenen Buchstaben sind 2,5 cm hoch und schlank.
Die Formen eines Geodreiecks deuten eine Ecke an.
Dabei bleibt Platz für Zettel mit Kritik und Vorschlägen.

Schultheater
Unser nächstes Programm
Das erste Wort fällt ins Auge: Die Buchstaben sind 3 bis 4 cm hoch; S und T sind nicht nur besonders groß, sondern auch betont breit geschrieben. Dafür wurde eine 4-mm-Feder verwendet.
Die nächste, mit einer 2-mm-Feder geschriebene Zeile ist deutlich kleiner, nur noch 1,5 bis 2 cm hoch. Mit der gleichen Feder wurde anschließend eine Bühne zeichnerisch angedeutet. Da wird das nächste Programm kurz vorgestellt.

Fundsachen
Fundsachen werden nicht nur beim Hausmeister abgegeben, sie werden auch hier genannt.
Die Buchstaben sind gestreut. Sie haben eine Höhe von etwa 2,5 cm und wurden mit einer 3-mm-Feder geschrieben.
Die leeren Zettel darunter wurden mit einer feinen Schreibfeder (auch kräftige Zeichenfeder) gezeichnet.

DAS SCHWARZE BRETT:
Unsere Mediothek
Die SMV lädt ein!
SCHULTHEATER
Unser nächstes Programm
DIE MECKER ECKE
FUNDSACHEN

DIE KLASSISCHE ANTIQUA

Die Klassische Antiqua gilt als die „Mutter" der abendländischen Schriften. Sie fußt auf der Römischen Capitalis des 2. Jahrhunderts n. Chr., die wie die griechischen Schriften ausschließlich aus Großbuchstaben bestand. Auf der Basis dieser Schrift entwickelte man während der Renaissance fast gleichzeitig in Frankreich und Italien Kleinbuchstaben – die sogenannte Humanistische Minuskel. Damit war die Grundlage für eine einheitliche Schrift aus Groß- und Kleinbuchstaben geschaffen.

Typisch für die Klassische Antiqua sind die wechselnden Strichstärken, die Spannung hervorrufen. Die Kombination von Rundungen und Winkeln, von offenen und geschlossenen Formen erzeugt Dynamik. Zugleich ist das Schriftbild ausgesprochen harmonisch, da sich die einzelnen Figuren einem strengen Rhythmus unterordnen: Sie gehen auf wenige Urformen zurück – Dreieck, Quadrat, Kreis. Die auf Spitzen stehenden Buchstaben vermitteln den Eindruck der Leichtfüßigkeit.

Diese klassische Schrift eignet sich besonders für festliche Anlässe. Da sie gut leserlich ist, dürfen die Texte auch länger sein. Bei kürzeren (zum Beispiel beim Beschriften von Urkunden) kann man sich auf Großbuchstaben beschränken, was sehr dekorativ wirkt. Von großem Reiz sind außerdem Initialen und Monogramme.

Der Text rechts, hier leicht verkleinert wiedergegeben, wurde mit einer 3-mm-Breitfeder auf Deutsch-Japan-Papier geschrieben. Für die farbige Initiale wurde eine Feder von 5 mm verwendet.

Die Schreibkünstler
der Renaissance
suchten eine Wie-
derbelebung
echter antiker For-
men, ähnlich den
Architekten.

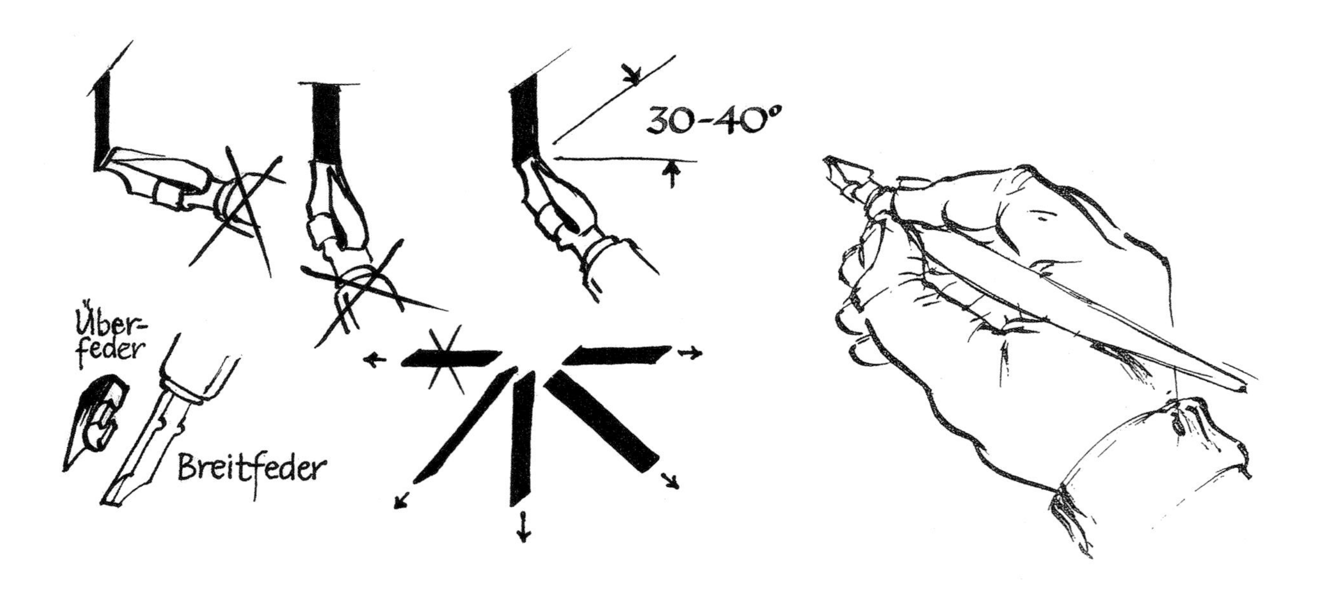

Vorbereitung und Beginn

Die Antiqua wird mit einer Breitfeder, auch Wechselzug- oder Antiquafeder genannt, geschrieben. Diese Feder ist spatenförmig. Eine Überfeder sorgt dafür, daß die Tusche gleichmäßig nach vorne geführt wird.
Die Abbildungen oben veranschaulichen die Federhaltung. Die Bewegungsrichtung verläuft auch diesmal wieder von oben nach unten, von links nach rechts oder schräg von oben nach unten. Die Feder wird beim Schreiben nicht in der Hand gedreht, sondern immer in einem Winkel von 30 bis 40 Grad zur Waagrechten gehalten und mit einem gleichmäßigen Druck geführt. So fallen die Senkrechten etwas stärker aus als die Waagrechten, zeigen aber nicht die volle Federbreite. Diese ist lediglich bei den Schrägen zu sehen, die von links oben nach rechts unten gezogen werden.
Die Übungen auf den folgenden Seiten, die wiederum in Originalgröße abgebildet sind, werden mit einer 3 mm breiten Feder geschrieben. Für die Linierung der Übungsblätter und die sonstige Vorbereitung gilt das gleiche wie bei der Blockschrift (Seite 24).

Bewegungseinheiten und Großbuchstaben
Die senkrechten und waagrechten Bewegungseinheiten mindestens zwei Zeilen lang abwechselnd üben, bis die Federhaltung – und damit auch die Strichstärke – mit der Vorlage übereinstimmt. Dann erst zu den Buchstaben übergehen. Jede Gruppe mehrfach wiederholen. Verunglückte Formen dabei einfach stehenlassen.
Im folgenden nun noch Einzelheiten.
Zeile 1: Beim E auf unterschiedliche Balken achten.
Zeile 2: Die Innenformen von A, V, M, W sind annähernd gleichseitige Dreiecke.
Zeile 3: Die X-Balken treffen sich in der Mitte, die Y-Balken unterhalb.
Zeile 4: Das O soll schön rund sein. Die Rundung beim D ist größer als ein Halbkreis.
Zeile 5: Auch die Bögen bei B und R sind größer als Halbkreise. Das P ist noch etwas voller.
Zeile 6: Senkrechte mit nachfolgenden Bögen setzen schon früh zur Rundung an.

C

Senkrechte werden kräftig, Waagerechte zarter.
1. Gruppe: Senkrechte und Waagerechte.
2. Gruppe: Dreiecke Höhe = Breite.
Mitte
Zwei W-Formen.
ALT
NEU
3. Gruppe: Kleine Dreiecke und Winkel.
4. Gruppe: Große Rundungen, Schrägachse.
5. Gruppe: Kleine Rundungen.
P-Rundung voller.
6. Gruppe: Bögen.
Zwei U-Formen
NEU
ALT

HEFEHILFEFELL

MAXIMALWI

ZINKNIXENTAT

MODEDROGE

JUSTUS: „QUI?"

Wortbilder

Die Übungseinheiten der vorigen Seiten finden hier jeweils eine Steigerung. Nach den „Buchstabenbildern" entstehen die ersten „Wortbilder". Als Faustregel gilt wie bei der Blockschrift: Weißräume sollen etwa dem beschriebenen Raum entsprechen.

Das bedeutet:

❍ Am meisten Platz bleibt zwischen Senkrechten (H und E).

❍ Etwas weniger Zwischenraum brauchen eine Senkrechte und eine Schräge (I und M) oder eine Senkrechte und eine Rundform (D und R).

❍ Nur wenig Raum ist zwischen zwei Rundungen (O und G).

❍ Zwei Schrägen, die parallel laufen, unterschneiden sich (A und W); zwei Schrägen, die einen Winkel bilden, sind ganz nah beieinander (M und A).
Und hier noch Einzelheiten: Der Balken des L darf auch vor einer Senkrechten nicht verkürzt werden (erste Zeile). Die Buchstaben deshalb sehr eng aneinanderrücken. – Folgt auf das L ein W, rückt dieses in den Weißraum über dem Grundbalken (Überschneidung, zweite Zeile). – S und T berühren sich oben (vierte Zeile). – Das Q zieht sich bis unter das U (vierte Zeile).

Sanduhr-Abc

Rechts ein Spiel mit zwei Alphabeten (verkleinerte Wiedergabe): Ihm liegt die Vorstellung einer Sanduhr zugrunde. Die einzelnen Buchstaben sind wie Sandkörner, die aus dem oberen Glas einer Sanduhr durch einen schmalen Hals hindurch in das untere Glas rieseln und dabei die Farbe wechseln.
Das „Bild“ wurde links oben begonnen. Die Buchstaben des Alphabets folgen versetzt und in unterschiedlicher Größe eng aufeinander; teilweise berühren sich die benachbarten Buchstaben. Nach unten werden die ineinandergreifenden Zeilen zunehmend schmaler. In der Mitte der Uhr steht nur noch ein einzelnes Z.
In einer etwas anderen rotbraunen Farbe kommt dann das zweite Alphabet. Dafür muß die Feder (hier Messingblattfeder, 1 cm, oder Breitfeder) mit Wasser gereinigt und getrocknet werden. In ähnlicher Dichte wie oben füllt sich der untere Teil der Sanduhr mit auf und ab tanzenden Buchstaben.
Bei diesem Spiel geht es darum, ein Gefühl für die Größe der Buchstaben zu entwickeln, die abhängig ist von der Federstärke. Die Formen dürfen nicht zu dünn, aber auch nicht zu fett sein. Die freie Anordnung der Buchstaben, die von der Linie abweicht, soll dazu anregen, auch ungewöhnliche Wort- und Textbilder zu gestalten.
(Papier: Deutsch-Japan-Papier, 36 x 60 cm; Tusche: Nußbraun und gebrannte Siena.)

Wer kommt denn da ...

Bei diesem Schriftblatt geht es um ein Spiel mit Wörtern und auch um Wortzwischenräume. Der richtige Abstand ist erreicht, wenn man ein großes I zwischen die Wörter schreiben kann und sich die Zeile dann schließt.
Das Blatt mit dem Gedicht des Schriftstellers und Wortkünstlers Oskar Pastior (* 1927) ist hier verkleinert wiedergegeben (Format 40 x 60 cm). Die Zeile auf dieser Seite entspricht der halben Größe.
Das Papier (Maschinenbütten) wurde nach dem Aufspannen zunächst flüchtig mit Rotkrautsaft grundiert und nach dem Trocknen mit einer Breitfeder von 3 mm beschrieben.
Der Text kommt ohne große Pausen daher. In engem Kontakt reihen sich die Zeilen untereinander. Das vielfach wiederholte „wer“ steht immer an einer anderen Stelle, mal weiter außen, mal zur Mitte hin versetzt. Die Zeilen „flattern“ rechts und links und verstärken die Dynamik.
Zuletzt wird die entscheidende Frage gestellt: „Wer dä?“
Und nun tritt er auf, ganz entschieden – nach einer Atempause (und etwas größer als die Fragen geschrieben): MÖRG.
Dieses Schriftblatt ist ohne Vorzeichnung entstanden. Um sich die Arbeit zu erleichtern, können Sie jedoch den Text zunächst erst einmal flüssig auf kariertes Papier schreiben, dann ausschneiden, die Zeilen nach Wunsch auslegen und entsprechend übertragen (Seite 20/21).

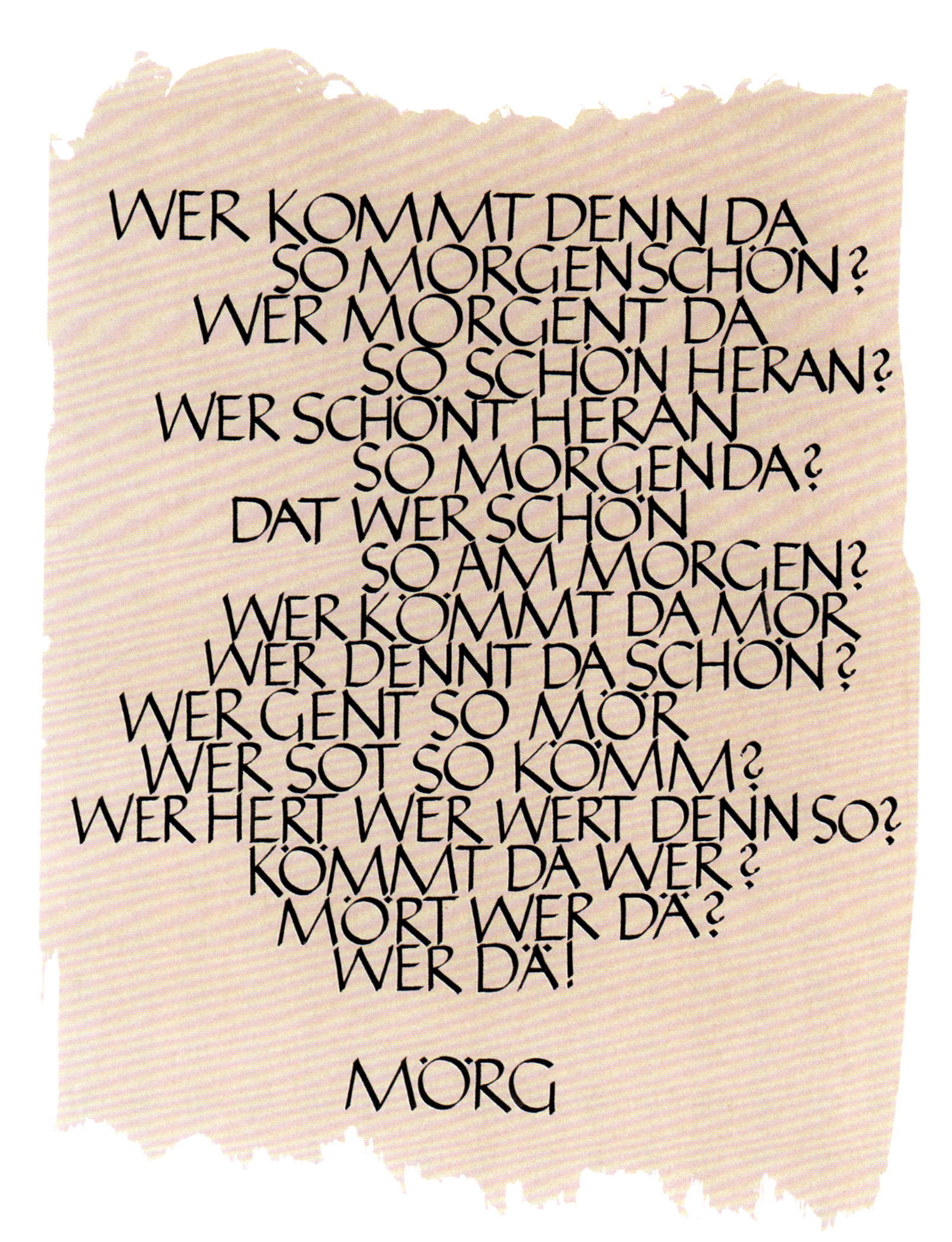

WER KOMMT DENN DA
SO MORGENSCHÖN?
WER MORGENT DA
SO SCHÖN HERAN?
WER SCHÖNT HERAN
SO MORGENDA?
DAT WER SCHÖN
SO AM MORGEN?
WER KÖMMT DA MOR
WER DENNT DA SCHÖN?
WER GENT SO MÖR
WER SOT SO KÖMM?
WER HERT WER WERT DENN SO?
KÖMMT DA WER?
MÖRT WER DÄ?
WER DÄ!

MÖRG

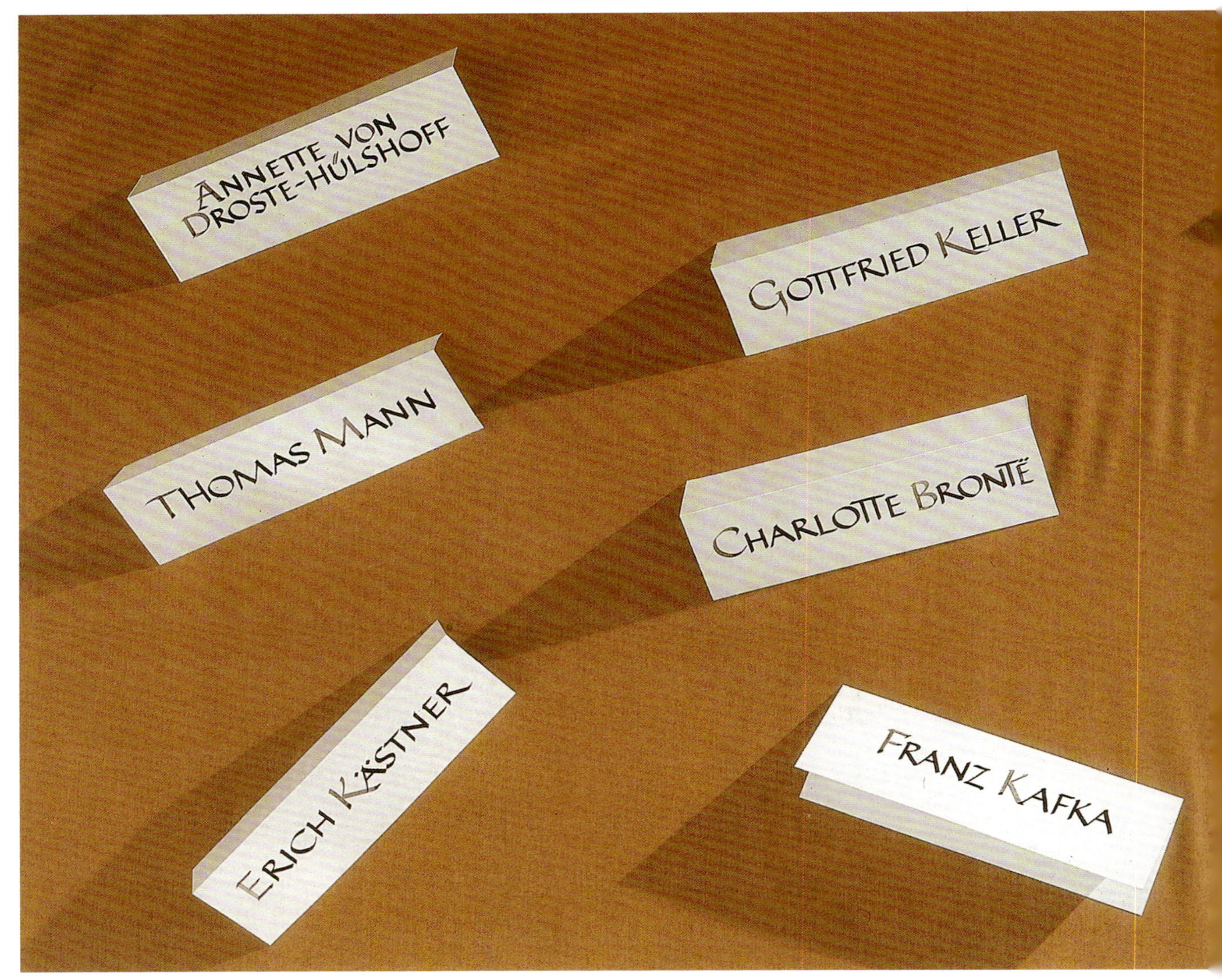

Eine klassische Runde
Genau richtig für eine festliche Gesellschaft: Tischkarten mit den Großbuchstaben der Klassischen Antiqua.
Natürlich fordert dies eine gewisse Vorbereitung:
Namen zunächst auflisten; ein Nachzügler macht mehr Arbeit. Nun einen Zeichenkarton guter Qualität (er darf beim Falzen nicht brechen) vorlinieren. Sollen die Karten wie hier 3 cm hoch sein (Gesamthöhe der aufgeklappten Karten 6 cm), Linien im Abstand von 3 cm quer über den Karton ziehen. Dann die Namen mit einem weichen Bleistift auf diesen Streifen nebeneinander anordnen. Dabei abwechselnd einen Streifen freilassen (Rückenteil), einen Streifen beschriften. Zwischen den

Namen Raum von etwa 3 cm lassen. Eventuell auch leichte Hilfslinien für die Beschriftung ziehen.
Beim Schreiben mit schwarzer Tusche (Feder) die Initialen, die etwas größer sein sollten, aussparen und in einer Zweitfarbe (mit einer anderen Feder) hinzufügen. Dies kann ruhig Wasserfarbe sein.

Wenn beides trocken ist, die Linie über den Namen ganz leicht mit einem Schneidemesser an einem Metallineal entlang einritzen; die Linie unter den Namen durchtrennen. Die Mitte zwischen den Textgruppen markieren, bei kurzen Namen kurze Schildchen, bei langen Namen lange Schildchen schneiden. Die Kärtchen zuletzt abradieren und knicken.

Monogramme

Wie und wo können Monogramme, die sich aus zwei Großbuchstaben zusammensetzen, zu einer Einheit verbunden werden? Nun, die Beispiele auf diesen Seiten veranschaulichen, daß jedesmal eine andere Art der Verbindung gefordert ist.
Einmal stehen die Buchstaben genau untereinander, dann wieder nebeneinander oder leicht schräg versetzt. Die Buchstaben durchdringen sich. Der Fuß des einen wird zum Kopf des anderen. Neue, dekorative Zwischenräume tun sich auf. Markenzeichenähnliche Formen entstehen.
Die leicht variierten Antiqua-Buchstaben wurden hier mit einer 1 cm breiten Messingblattfeder in der gezeigten Größe geschrieben. Diese Feder hält die Tusche länger und ist etwas weicher als eine Stahlfeder. (Alternative: 1-cm-Breitfeder.)
Die spitzen Strichenden sind durch eine geringfügige Federdrehung entstanden und dort, wo sie noch unklar waren, mit ein bißchen Deckweiß ausgerundet worden.

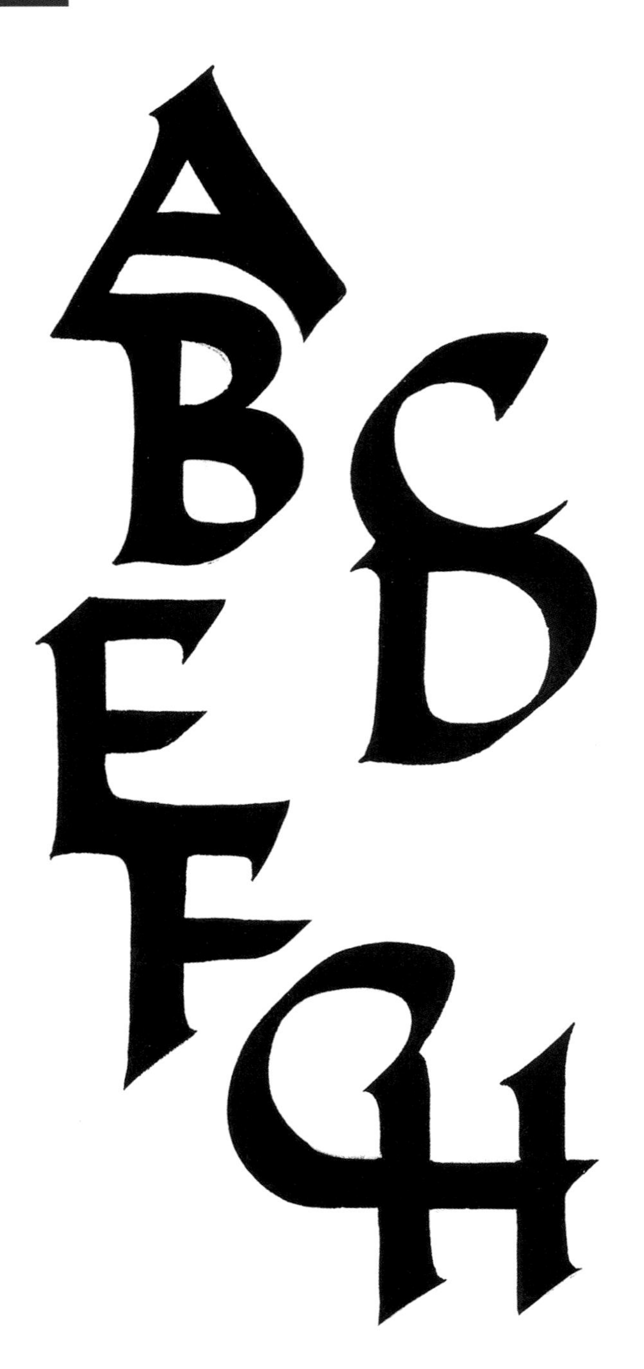

C

Kleinbuchstaben

Die Proportionen der Kleinbuchstaben sind „klassisch“: Das Verhältnis von Mittellänge zu Großbuchstaben ist 3:4. Die meisten Formen lassen sich in leicht verschmälerte Quadrate, gleichseitige Dreiecke oder Kreise einschreiben.
Zu Anfang die Dreiviertelhöhen mit Bleistift markieren.

Wichtig: Die Senkrechten überschreiten ganz leicht die Ober- bzw. Unterkante. v und y bilden ein gleichseitiges Dreieck. Kreisformen bestehen aus zwei schrägliegenden Halbkreisen. Bögen wachsen organisch aus dem vorhergehenden Grundstrich heraus (z.B. h, n, m, r). h und n sind mit einem Tor vergleichbar, das m mit zwei Türen.

International
gilt auch sch, st,
hiſtoriſch ſch, ſt...
Bei Texten das a
nicht wechſeln!

a-Formen und s-Formen
Es gibt zwei a-Formen und zwei s-Formen: Das quergestrichene oder „zweistöckige" a ist älter und typisch für die „humanistische Minuskel". Die beiden Formen können heute jedoch beliebig verwendet werden, allerdings sollte man innerhalb eines Textes nicht variieren. (s siehe Seite 34/35.)

Wörter und Abstände
Wie bei der Blockschrift ist der Buchstabenabstand bei zwei Senkrechten am größten, etwas kleiner ist er bei einer Senkrechten und einer runden Form, ganz gering bei zwei runden Formen (z.B. oo, oe, og). Ligaturen gibt es bei „langem s", bei st, ft, tt, tz. Wortabstand wieder ein gedachtes i.

„o glücklicher leſer
waſche
deine hände
und faſſe
die blätter
ſanft an

halte
die finger
weit ab
von den buchſtaben

denn
wer nicht weiß
zu ſchreiben
glaubt nicht
daß dies
eine arbeit ſei…“

O glücklicher Leser – ein Text aus Kleinbuchstaben
In kurzen Zeilen entwickeln sich die Worte – ohne durch Großbuchstaben optisch unterbrochen zu sein. Die alleinige Verwendung von Kleinbuchstaben läßt den alten Text (ein „Kolophon“: Schlußeintrag in mittelalterlichen Handschriften) modern erscheinen. Zwei senkrechte Achsen markieren abwechselnd den Zeilenbeginn, ein kleiner und ein großer Abstand gliedern die drei Gruppen. Die Zeilen innerhalb der Gruppen sind so nah beisammen, daß sie immer wieder ineinandergreifen. (Papier DIN A 2, Breitfeder 3 mm.)

DER ANKER

Seit Columbus gab es
die Admiralitäts-oder
Stockanker. Sie beſtan-
den aus einem eiſernen
Schaft, deſſen oberes
Ende mit einem Loch für
den Ankerring verſehen
war. Daran war die Hanf-
troſſe, ſpäter Eisenkette,
befeſtigt. Darunter war
der Stock, ein Querbalken.
Schaut man von oben,
dann bilden Ankerarme
und Flunken mit dem
Stock eine Kreuzform.

Der Anker – ein Text aus Groß- und Kleinbuchstaben
Ein optisch gleich breiter Weißraum läuft um eine homogen erscheinende Textfläche. Nur wenig greifen die leicht versetzten Zeilenanfänge und -enden in den umgebenden Raum ein. Die Abstände zwischen den Zeilen sind regelmäßig und klar, Unter- und Oberlängen verhaken sich nicht. So wird ein geschlossenes Schriftbild erreicht, wo auch die Großbuchstaben optisch integriert sind und nicht herausfallen können. Die einzigen Schmuckelemente sind die versale Überschrift und die Ankervignette. (Blattformat 40 x 60 cm, Breitfeder 3 mm.)

Ziffern: Höhe = Höhe der Großbuchstaben.

2, 3, 5, 8a: Kreise mit halber Höhe.

6, 9: Kreise mit Dreiviertel Höhe.

Es gibt zwei Figuren der 8, eine in 4 Takten, eine in 2 Takten geschrieben.

Die Null ist ein Kreis in voller Höhe.

Ziffern

In Zeilen, die nur aus Großbuchstaben bestehen, sollen die Ziffern Versalhöhe haben. In einem Text mit Groß- und Kleinbuchstaben ist es besser, die Zahlen etwas kleiner zu halten. Die Ziffern stammen ursprünglich aus der arabischen Kultur. Erst seit den Kreuzzügen sind sie in Europa bekannt. Noch im 14. Jahrhundert wurden sie lediglich für Daten, Siegel, Grabsteine und Inschriften verwendet. Ansonsten kannte man – seit der Antike – als Ziffern nur die Buchstaben der römischen Antiqua, der „Capitalis“ (I, V, X, L, C, D, M).

XII
I
II
III
IIII
V
VI
VII
VIII
IX
X
XI
V=5
X=10
L=50
C=100
D=500
M=1000

Festliches

Individuell gestaltete Einladungen, Programmzettel, Tischkarten und Blätter mit der Speisenfolge bilden einen stilvollen Rahmen für festliche Anlässe.
Das Genannte läßt sich sehr gut in einer einheitlichen Schrift anlegen; die Antiqua in Groß- und Kleinbuchstaben, mit der Feder geschrieben, ist dafür hervorragend geeignet.

Tischkarten
Wie auf Seite 62/63 beschrieben, vorgehen. Die Schauseite könnte diesmal 5 x 12 cm groß sein. Die Kleinbuchstaben dann etwa 7 mm hoch schreiben (Mittellänge); die Großbuchstaben dürfen die Oberlängen ruhig überragen. Die Zeilen auf optische Mitte setzen. Keine zu breite Feder nehmen (hier 1,5 mm Stärke).

Einladung, Programm, Speisenfolge
Jeweils in gleicher Schriftgröße als Skizze schreiben, ausschneiden, arrangieren und schließlich mit einer 3 mm starken Breitfeder auf weißes Papier übertragen (Seite 20/21). Das Gliederungsmuster ist hier links bündig und rechts flatternd.
Die „Themen" sind in Versalien ausgeführt. Ein etwas weiterer Abstand zur nächsten Zeile läßt Platz für eine mit der Schreibfeder gezogene Linie.
Die Zahl 50 und das S der „Speisenfolge" sind ein wenig größer gestaltet (5 mm starke Breitfeder). Details folgen in einer kleinen, mit feiner Feder (1 oder 2 mm) geschriebenen Schlußzeile.
Schmuckelemente – eine Rose, zwei Sterne (1,5 mm starke Breitfeder) – werten die Einladung und die Speisekarte auf.
Zuletzt alles auf festes, weißes Papier kopieren.
Gerissene Papierränder an ein oder zwei Seiten wirken übrigens besonders festlich.

Falls die Sachen nicht nur verteilt, sondern auch verschickt werden sollen, beim Kopieren jeweils das nächst kleinere DIN-Format wählen (z.B. bei Karten A5, dann auf Postkartengröße falzen; beim Programm und der Speisenfolge A4 mit reichlich Weißraum ringsum).
So ist es kein Problem, Umschläge im passenden Format zu finden.

PROGRAMM

zum Fest:
1. Musikalischer
Auftakt
2. Festliches
Abendessen

SPEISENFOLGE

Badisches
Schneckensüpple
*
Hirschmedaillons
m. Sauerkirschen
*
Kaiserstühler
Dessert

Riesling trocken · Spätburgunder Weißherbst

Wohledle Damen und Herren ...

Ein Glückwunschbrief zum Geburtstag und eine Einladung zur Hochzeit – beides sind Schriftstücke von kostbarer, ausgefallener Art. Außerdem verbindet sie die gleiche „Handschrift“: eine schmallaufende Antiqua mit einigen freien Schwüngen bei den Großbuchstaben.
Die Briefe sind in einem gehobenen, barock anmutenden Stil voller Umschweife, der die Hochachtung vor dem Adressaten betont, abgefaßt. Die Kernsätze wurden einem „Briefsteller“ (eine Anleitung zum Briefeschreiben) aus dem Jahr 1764 entnommen. Die althergebrachten Wendungen und die dazu passende äußere Form verleihen den Blättern einen urkundenähnlichen zeitlosen Wert.
Der Glückwunschbrief ist mit einer 1-mm-Breitfeder auf „Elefantenhaut“ (Pergamentersatz) geschrieben. Natürlich mußte vorher eine originalgroße Skizze gemacht werden, um die Längen der Zeilen zu ermitteln, insbesondere der Zeilen, die mit einigem Abstand den Schriftblock begleiten und die genau die Breite des Satzspiegels haben.
Das Lederband, das durch das Papier gezogen wurde und mit echtem, glänzendem Siegellack gehalten wird, unterstreicht die Bedeutung und wirkt „historisch“.
Die Einladung zur Hochzeit steht auf gut geleimtem Büttenpapier. Sie wurde nach einer genauen Bleistiftskizze als schmale Kolumne mit einer 1-mm-Breitfeder geschrieben. Dann wurde sie in zwei Farben gedruckt (auch Kopieren wäre möglich).
Objekte wie diese sollten gerollt überreicht oder in einer Papprolle verschickt werden.

Glückwünschungsbrief zum 60. GEBURTSTAG AM 1…

Lieb…

Gleichwie mir an Deinem Wohlergehn immer sehr…
und ich jederzeit grossen Antheil daran nehme, so…
heutigenthags eingetroffenen hohen Geburts-F…
terlassen, Dir von Herzen ALLES GUTE anz…
lieben GOTT demüthigst zu bitten, daß ER D…
Jahre zu vielem Seegen anschreiben wolle. Er…
von Dir ab, und schicke Dir dagegen alles de…
nur selbsten wünschen magst, in reichestem…
Glück und Heil bey Dir wohne. – Übrigens…
meine Familie und mich Deiner Liebe und T…
sein.

Wir selbst befinden uns hier bey gut…
Geschäft und in persönlichem Wohlerge…
und nehmen die kommenden vierzehn T…
königlich württembergischen Allgäu…
ein hochgemüthes Fest des 60. Geburt…

Deine WERNAUER Familie, mit H…

Aus einem Brief-steller des Jahres 1704 …

O Wohledle Damen und Herren!

Nunmehro soll es nach weisem Ratschluß geschehen, daß am 17. APRIL ANNO DOMINI 1976 zu Wernau am Neckar unsere HOCHZEIT vollzogen werde. Hierbey möchten wir auch gerne unsere liebsten VERWANDTEN und besten FREUNDE zu solch einem Ehrentage bey uns sehen. So nehmen wir uns die Freiheit Euch Wohledle auch gehorsam einzuladen und ergebenst zu bitten, uns die Ehre Eurer Gegenwart zu gönnen und unsere Freude auch durch eigen Spiel und Dichtung vergrößern helfen. Womit wir denn in Erwartung Eurer geneigten ANTWORT bis zum 20. März verharren

Ihro Wohledel

aufrichtige Freunde

WOLFGANG mit Liebstin MONI

FREIBURG IM BREISGAU IM FEBRUAR 76

Frottage
Verblüffende Wirkungen ergeben sich durch die Technik der „Frottage“ (Abreibung).
Legt man Papier auf eine stark strukturierte, erhabene Fläche und fährt mit einer weichen Kreide darüber, bilden sich die darunterliegenden Unebenheiten ab. Bei dem oben abgebildeten Beispiel (verkleinerte Wiedergabe) wurde ein „Farbfächer“ unterlegt. Da er relativ klein war, mußte das Papier bei jedem neuen Buchstaben verschoben werden.

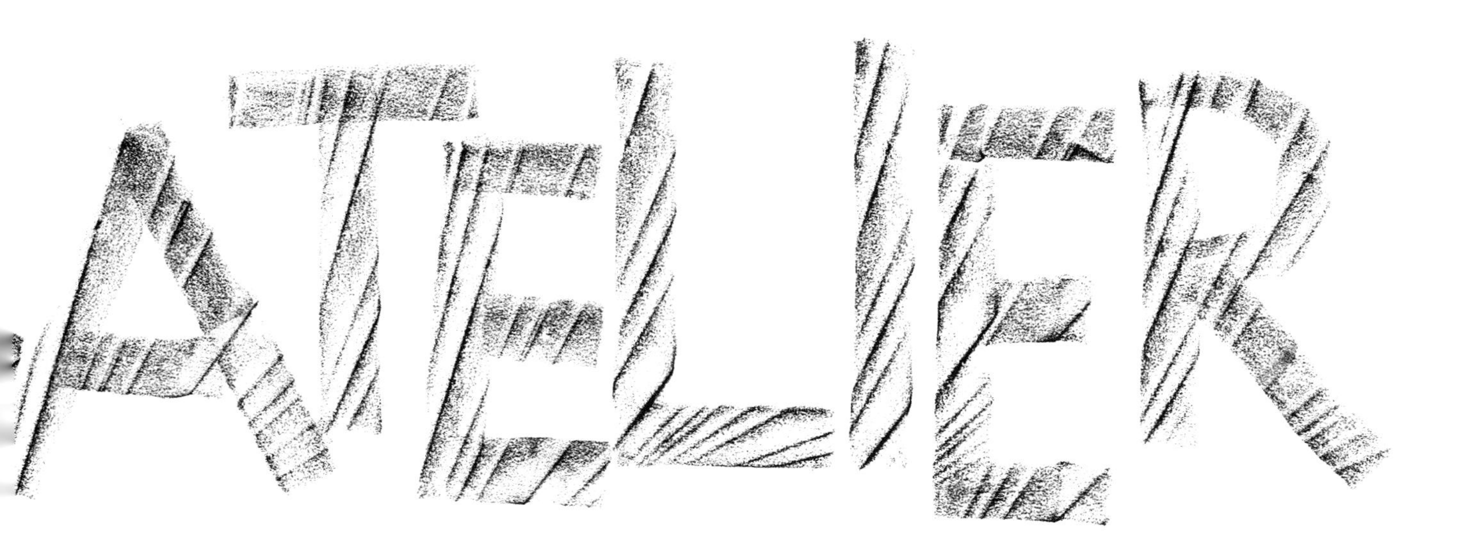

Das Wort „Filmatelier“ ist mit einer 1,5 cm breiten weichen Pastellkreide geschrieben. Das Kreidestück wurde flach aufgelegt und dann über das Papier gezogen. Ein Drehen der Kreide hat zu gleich starken Senkrechten und Waagrechten geführt. So erscheint die Antiqua hier in einer Variante ohne Feinheiten.
Die Fächerstrukturen der Buchstaben suggerieren gemeinsam mit dem Wort die Vorstellung von Lichtstrahlen und Filmklappen (Klappe auf, Klappe zu).

Niemand hat Macht über den Wind ...

Dieser Text wurde auf Pergament geschrieben. Pergament – die bearbeitete Haut vom Rind (Kalb), Schaf, Schwein oder von der Ziege – ist ein kostbarer Stoff. Die Farbe der Oberfläche reicht von hellen goldockerfarbenen Tönen über ein eher helles Grau bis hin zu Weiß („Jungfernpergament" von noch ungeborenen Lämmern). Pergament ist lebendig, sowohl an der Oberfläche als auch in seiner inneren Struktur. Es arbeitet und darf deshalb nicht festgeklebt werden.
Es kommt gut vorbereitet in den Handel, das heißt geschabt, gegerbt und geglättet. Falls es zu glatt ist, kann man es mit Bimsstein etwas rauher schleifen. Doch sollte man nie mit Wasser darangehen, sonst quillt das Pergament auf.
Die Größe hängt vom jeweiligen Tier ab, denn Pergament wird immer als ganze Haut gehandelt. Die Tonwerte, die Zeichnung oder Äderung und die Gleichmäßigkeit der Hautstärke bestimmen den Preis und natürlich auch den Verwendungszweck.
Pergament wird heute vorwiegend von Buchbindern zu Buchrücken, ganzen Einbänden oder zu großflächigen Mappen verarbeitet, in die kostbare Urkunden oder Dokumente eingelegt werden können.
Für einen Kalligraphen stellt der Umgang mit Pergament einen Höhepunkt dar. Es ist nahezu samtig und läßt sich bei nur sanftem Druck mit Tusche, Tinte oder leicht deckenden Farben beschreiben und am Ende vom Könner auch vergolden. Im allgemeinen stehen aber die Farben Schwarz und Rot am schönsten darauf.
Bevor man daran geht, auf Pergament zu schreiben, sollte man unbedingt eine ganz sorgfältige Skizze und eine Pause in Originalgröße anfertigen (Seite 20/21). Mit einem stumpfen Messer oder einem Stift kann man Pergament vorlinieren. Dann ohne Angst beginnen. Kleine Fehler lassen sich mit einem scharfen Messer entfernen und nach einem erneuten Aufrauhen der Schreibfläche auch korrigieren. Die Naturränder bleiben nach Möglichkeit erhalten, zumindest aber an zwei oder drei Seiten.
Der rechts abgebildete Text aus dem Alten Testament steht auf einer halben Kalbshaut von etwa 65 cm Breite und 40 cm Höhe.
Er ist in zwei Kolumnen (Säulen) gegliedert; die Wirkung erinnert somit an ein aufgeschlagenes Buch. Die einzelnen Abschnitte beginnen mit einem farblich abgehobenen Initial. In der gleichen Farbe erscheint die Textquelle als kleine Versalzeile am unteren Rand und verbindet so die beiden Textblöcke.
Vor dem Beschreiben wurde das Pergament ringsum mit Kreppband auf einer Unterlage festgeklebt. Der Text wurde mit Tusche und Feder (2-mm-Breitfeder) in einer variierten Antiqua gestaltet.
Zum Aufhängen solch eines Schriftstückes bieten sich vor allem zwei Möglichkeiten an: Man kann das Pergament auf der Rückseite mit Doppelklebefolie beziehen und auf eine etwa 5 mm starke Hartfaserplatte ziehen. Dann wird das Objekt von Hand ausgesägt, entlang den ursprünglichen Hauträndern.
Oder man klemmt das Pergament in einen rahmenlosen Bildhalter aus zwei Glasscheiben und hängt das „Kunstwerk" frei im Raum auf, so daß Vorder- wie Rückseite zu sehen sind.

Niemand hat Macht über den Wind
und keiner hat Gewalt über den Tag des Todes.

Darum pries ich die Freude,
denn nichts Besseres hat der Mensch unter der Sonne
als zu essen, zu trinken und fröhlich zu sein
die befristeten Tage seines Lebens,
die Gott ihm gab unter der Sonne

Ich richtete mein Herz darauf,
Weisheit zu erringen und die Mühsal zu schauen,
die auf Erden erlitten wird.
Da sah ich, daß der Mensch von alledem,
was Gott tut, nichts ergründet,
das unter der Sonne geschieht

Je mehr immer der Mensch sich müht und sucht
desto weniger wird er es finden.

Geh, iß mit Freuden Dein Brot
und trinke Deinen Wein mit fröhlichem Herzen.
Denn längst hat Gott Deinen Weg bestimmt.
Trage festliche Kleider und mache Dich schön
Genieße das Leben mit der Frau, die Du liebhast,
alle die flüchtigen Tage,
die Dir unter der Sonne gegeben sind
denn das ist Dein Teil im Leben.

Sende Dein Brot aufs Wasser,
denn was Du weggibst, findest Du wieder
nach vielen Tagen

PREDIGER 8,8-17 · 9,7-9 · 11,1 · 500 v. Chr.

DIE TEXTURA

Auf der Grundlage der Karolingischen Minuskel, die immer enger geschrieben wurde, entstand um 1200 nördlich der Alpen die Textura, die schließlich im deutschen Sprachraum zur gotischen Handschrift schlechthin wurde. Die kräftigen langen Senkrechten, die Brechung aller Rundungen und generell aller Figuren und die gewebeartige Struktur (deshalb „Textura“, lateinisch für Gewebe, Geflecht) entsprachen dem gotischen Formgefühl.
Zwischen 1350 und 1400 erreichte die Kunst der gotischen Schreiber ihren Höhepunkt. Prachtvoll ausgestattete „Stundenbücher“ legen unter anderem Zeugnis davon ab. Weitere Bedeutung gewann die Textura, als Gutenberg den Buchdruck revolutionierte: Die Textura war die Schrift des ersten mit beweglichen Lettern gesetzten Buchs – die Schrift der 42zeiligen Bibel. Damit war sie „Transportmittel“ einer der großen kulturellen Leistungen am Anfang der Neuzeit. Gutenberg war es auch, der für die Textura, die zunächst eine Kleinbuchstabenschrift gewesen war, Versalien entwarf. Zuvor hatte man sich bei Namen und Initialen mit Großbuchstaben der Antiqua oder der Unziale beholfen, die recht viel Raum einnahmen. Die neuen Großbuchstaben hingegen waren nur wenig höher als die Kleinbuchstaben, so daß sie sich organisch in das Gesamtbild einfügten. Textseiten von eindrucksvoller Geschlossenheit und Harmonie entstanden.
Zwischen 1455 und 1500 wurden Druckwerke herausgegeben, die in ihrer künstlerischen Wirkung den Handschriften ebenbürtig waren, zugleich aber den Vorteil einer großen Auflage mit sich brachten. Doch die Textura wurde in Urkunden und Aufzeichnungen als Handschrift weiter gepflegt. Heute setzt man sie außerdem gern bei kürzeren religiösen und historischen Texten ein oder wenn man bei einem Schriftstück Wert auf einen „altertümlichen“ Charakter legt.
Das leicht verkleinert wiedergegebene Blatt rechts (Originalblatt: 30 x 45 cmm, beschriebene Fläche: 16 x 18 cm) zeigt einen Sachtext in der dazu passenden historischen Schrift – einer strengen Form der Textura. Sie wurde hier, wie es die Urform verlangte, ausschließlich mit Kleinbuchstaben geschrieben (5-mm-Breitfeder). Hohe Mittellängen, nur wenig größere Ober- und Unterlängen, würfelförmige, auf die Spitze gestellte Serifen (Köpfchen und Füßchen) sorgen für eine dichte, gewebeähnliche Struktur. Diese wird noch verstärkt durch den geringen Zeilenabstand.

das münſter
in freiburg
iſt als pfarr-
kirche errich
ten worden.

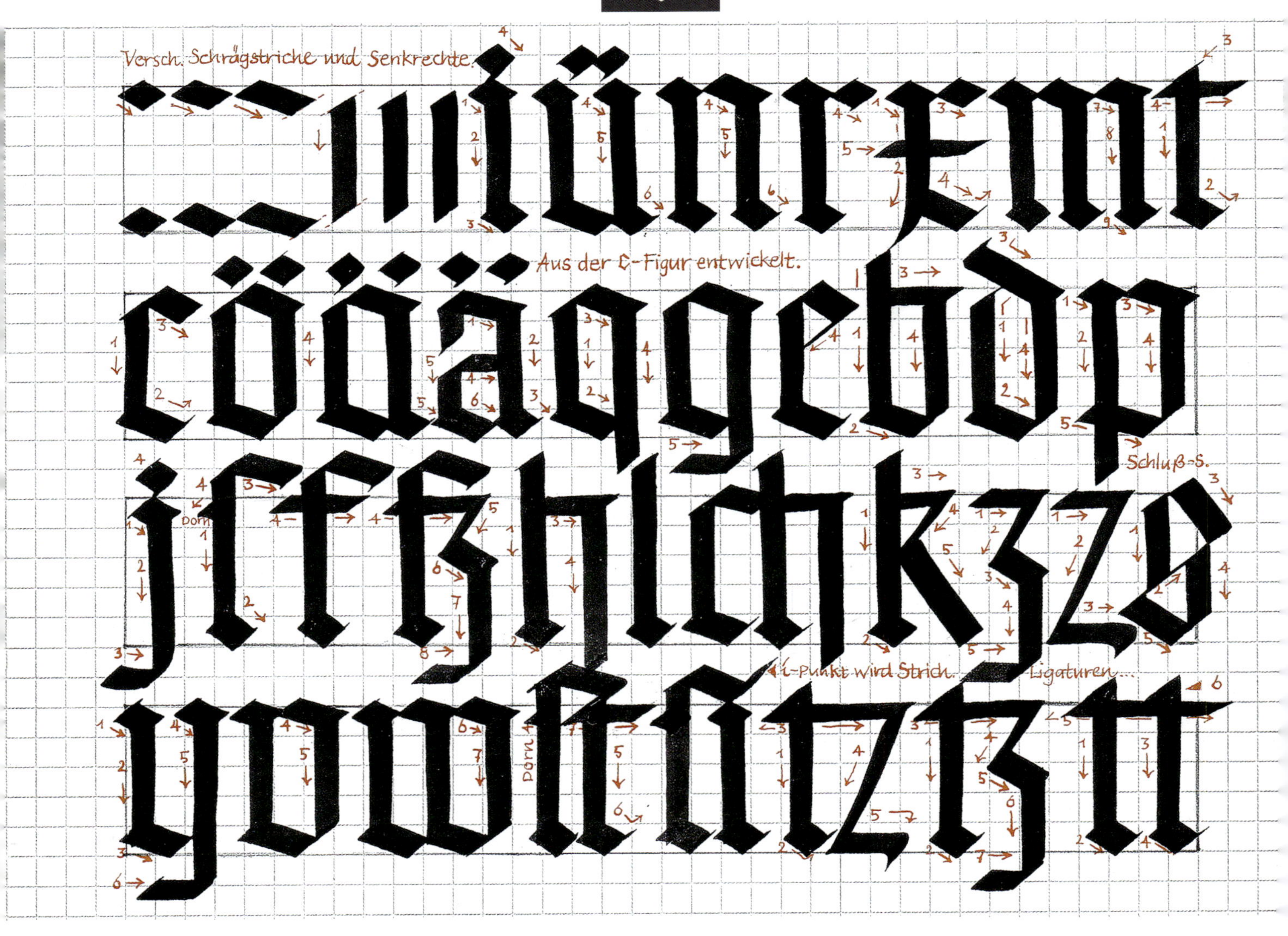

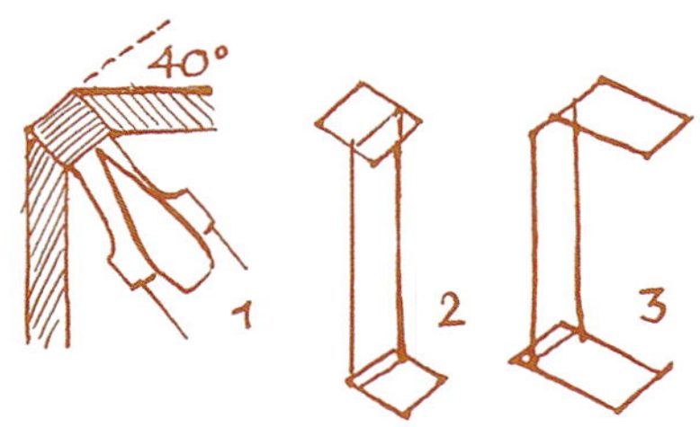

1) Federhaltung: 40 Grad zur Waagrechten.
2) Serifen greifen in die Grundstriche ein.
3) Grundstriche und Schrägen überschneiden sich leicht.

Vorbereitung und Beginn

Leicht schräge, würfelförmige Serifen (Köpfchen und Füßchen), lange Senkrechte und geradlinige Verbindungen bilden bei der Textura den Kern der Buchstaben. Für die Übungen (Mittellänge der Buchstaben 2,5 cm) verwenden Sie eine 5-mm-Breitfeder (mit Überfeder). Sie wird in einem Winkel von 40 Grad gehalten, so daß Senkrechte etwas kräftiger werden als Waagrechte. Die Übungsblätter wie gezeigt vorbereiten.

Kleinbuchstaben

Die Übung beginnt mit Serifen und Schrägen. Bei manchen Buchstaben werden die Serifen verlängert und bilden dann einen Teil der eigentlichen Grundform. Die Senkrechten dürfen nicht zu lang werden, denn die Serifen brauchen noch Platz. Die beiden z-Formen sind beliebig verwendbar. Für die beiden s-Formen gilt: am Silbenbeginn und bei Buchstabenverbindungen „langes s“, am Silbenende „rundes s“.

Wortbilder

Die Abstände zwischen den Buchstaben sind klein. Stärker als bei jeder anderen Schrift soll der Eindruck eines Gewebes entstehen. So berühren die Serifen oft benachbarte Formen. Am größten ist der Abstand wiederum zwischen Senkrechten, am geringsten zwischen einer Schrägen und einer Senkrechten. Die empfohlenen Wortbildungen beziehen sich immer auf die zuvor als Gruppe geübten Buchstaben links.

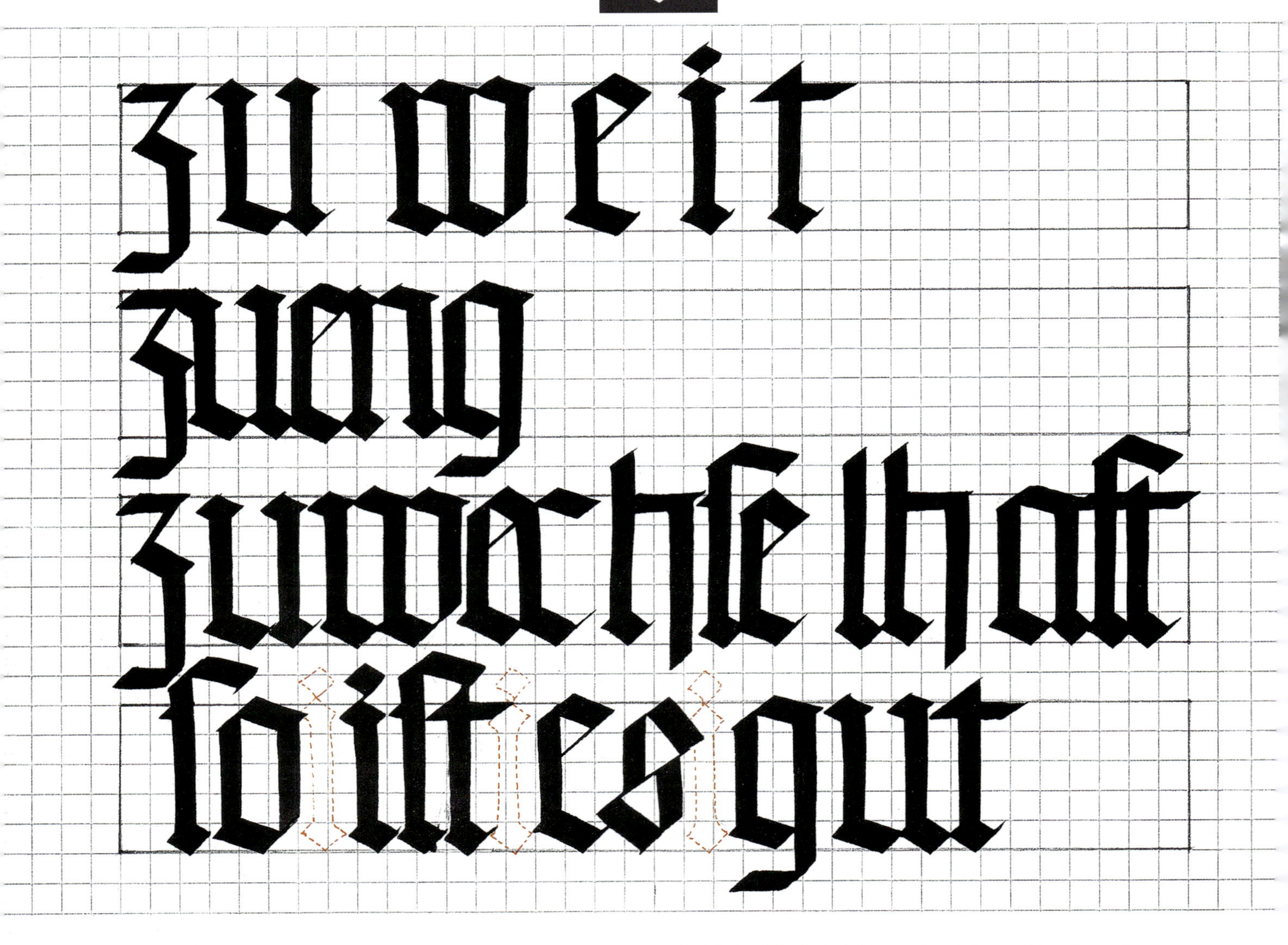

Abstände

Hier einige häufig vorkommende Fehler: Zu große Abstände zwischen Buchstaben zerstören den typischen strengen Rhythmus. Zu kleine Abstände, besonders zwischen senkrechten Grundstrichen, führen zu schwarzen „Nestern“. Stimmen die ersten Anstriche eines Buchstabens nicht, ergeben sich falsche oder schlecht lesbare Wortbilder.
Der Wortabstand auch hier wieder: ein i.

Auf Seite 85 wird nicht nur der richtige Wortabstand veranschaulicht, sondern außerdem die Regel für den Einsatz von „langem s“ und „rundem s“ formuliert; diese ist bei allen Frakturschriften unabdingbar.
(Bei diesem Text zeigt es sich, daß der für die Übungen gewählte Zeilenabstand relativ knapp ist und für ein Schriftblatt nicht ausreichen würde. Besser sind 1,5 cm, also drei Kästchen Abstand.)

das lange ſ re-
giert den ſil-
benbeginn u.
ſch, ſt, ſp, ſſ; am
ſilbenende s.

Die Zeit der Gotik – die Schrift der Gotik

Die Skizze eines gotischen Kirchturms zeigt die stilistische Nähe der damaligen Architektur und Schrift. Von 1200 bis 1450 galt die Textura nördlich der Alpen als „moderne“ Schrift. Heute wirkt sie vor allem als Kleinbuchstabenschrift wieder aktuell.
Der Sachtext auf der rechten Seite spielt mit seiner Form auf den Inhalt an. Die kurzen Zeilen bilden eine schmale Kolumne, die ihrerseits die typische Form eines Buchstabens aus der Textura aufweist: kräftig, schlank, streng.
Und so erinnert die Schriftanordnung zugleich an einen gotischen Turm, wie er im Text auch erwähnt wird.
Geschrieben wurde das Blatt (Originalgröße: 41 x 60 cm, Schriftblock: 20 x 40 cm) mit einer 5-mm-Breitfeder. Vorausgegangen war ein Entwurf auf kariertem Papier. Die Zeilen sind dann ausgeschnitten, nach Wunsch ausgelegt und letztlich übertragen worden (Seite 20/21).
Eine kleine herzförmige Vignette schließt eine Lücke und ziert und belebt das Blatt.

die zeit der gotik
schuf ihren eige-
nen schriftstil: die
textura. sie ist ge-
brochen, kräftig,
schlank, ohne
schnörkel, deko-
ratio, und sie hat
die strenge eines
gotischen domes.

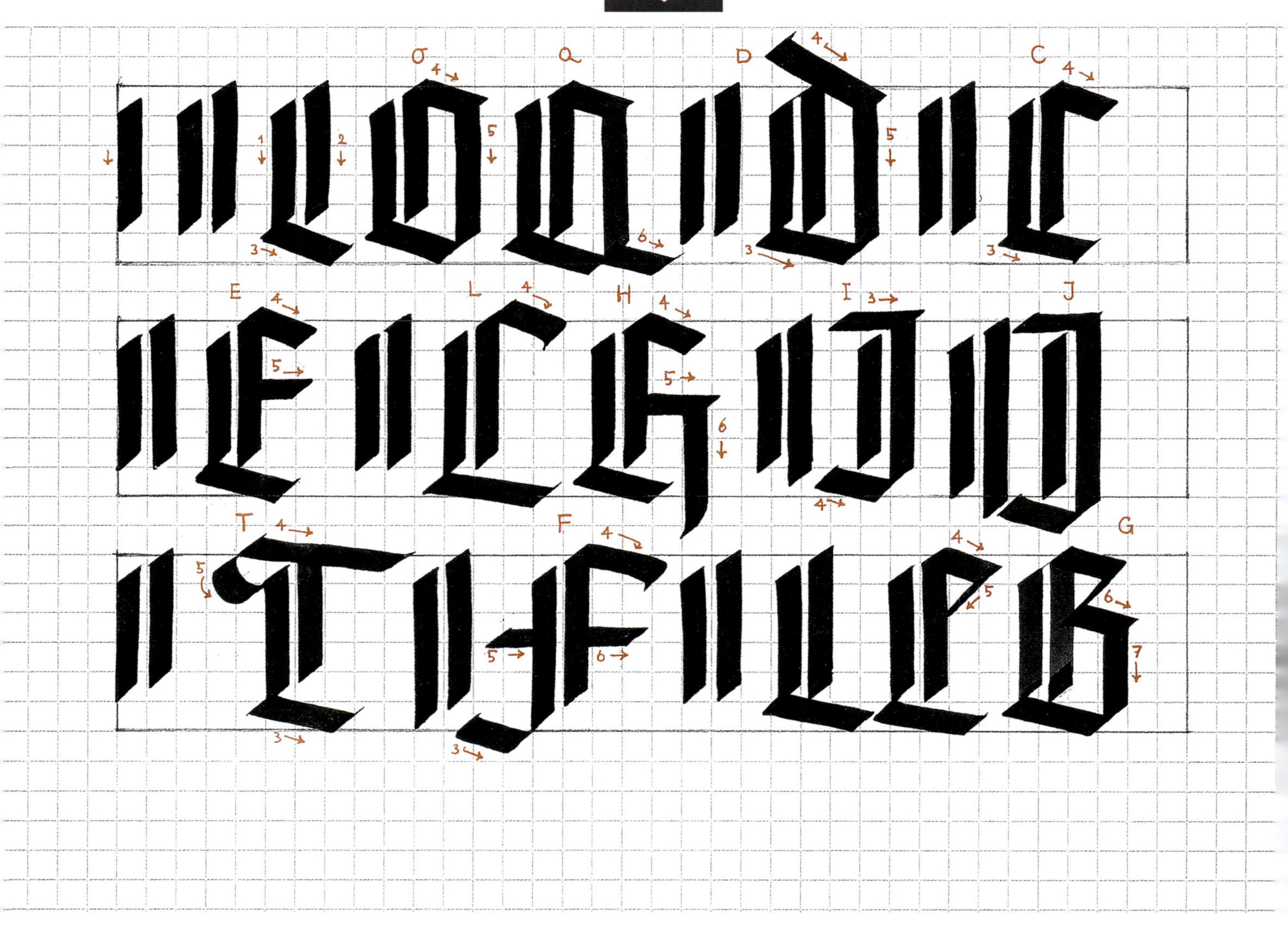

Großbuchstaben

Handschriften in der Textura zeigen bis etwa 1450 nur wenige Großbuchstaben: meist bei Initialen oder Namen. Hier verwendete man oft Varianten der Antiqua, denn die Textura war ja zunächst eine reine Kleinbuchstabenschrift.

Die Versalien der Antiqua, die viel Raum einnahmen und die Einheitlichkeit des Schriftbildes sprengten, wurden schließlich abgelöst: Und zwar waren es die ersten Buchdrucker und ihre Schriftzeichner, die für die Textura Großbuchstaben entwarfen. Schließlich sollten ihre Inkunabeln oder „Wiegendrucke" (die so heißen, weil sie die Wiege der Druckkunst darstellen; von 1455–1500) noch organischer und geschlossener wirken als die damaligen Handschriften.

Die neue Serie der Großbuchstaben integriert die Kleinbuchstaben. Lediglich doppelte Grundstriche und eine etwas größere Höhe (6:5) heben die Versalien ab. Dies bewirkt, daß sich

die Großbuchstaben stark ähneln. Sie sind auf nachfolgende Kleinbuchstaben angewiesen. Ein Versaltext wäre unleserlich. Dies gilt für alle gebrochenen Schriften.
Hier nun einige Besonderheiten der Großbuchstaben:
Nur der obere „Würfelansatz“ unterscheidet das B vom G. Dieser Würfel findet sich auch bei U, V, R, N, M, P, W.
Bei N und M sind die senkrechten Doppellinien unterschiedlich hoch. Das M hat zusätzlich noch zwei kleine Mittelbalken.
V und W sind verwandt. Allerdings ist die entsprechende Form beim W etwas schmaler.
Der erste Grundstrich des X läuft unten als leichte Spitze aus.
Beim S gibt es auch Formen mit einfacher Schrägachse.
Der Schrägbalken des A und D sprengt die übliche Höhe.
Das Z spaltet sich im Kern.
(Die Hilfslinien für die Übungsblätter liegen 3 cm auseinander.
Der Abstand zwischen den Zeilen beträgt 1 cm.)

A B C D E F
G H I J K L M N O
P Q R S T
U V W X Y & Z

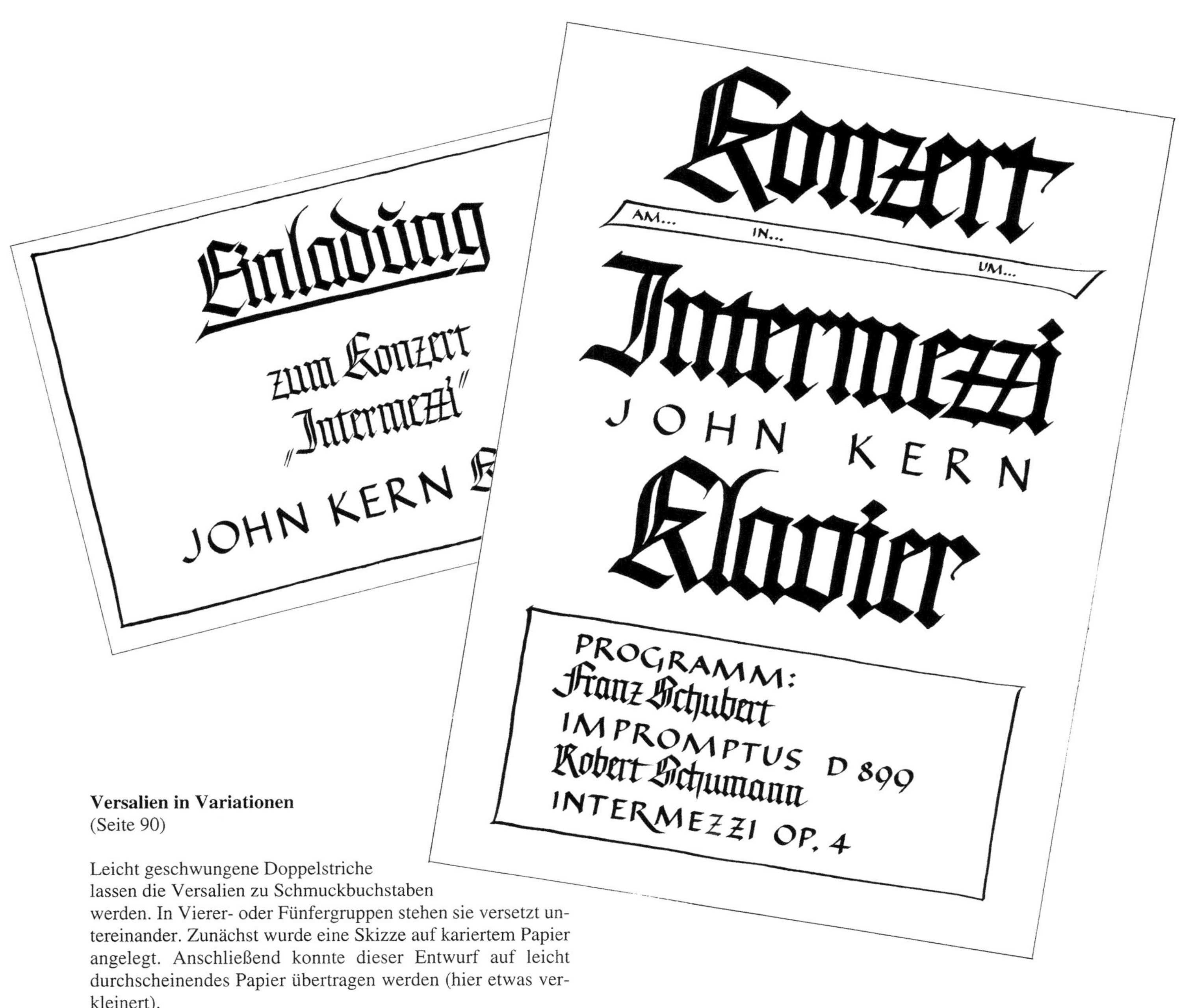

Versalien in Variationen
(Seite 90)

Leicht geschwungene Doppelstriche lassen die Versalien zu Schmuckbuchstaben werden. In Vierer- oder Fünfergruppen stehen sie versetzt untereinander. Zunächst wurde eine Skizze auf kariertem Papier angelegt. Anschließend konnte dieser Entwurf auf leicht durchscheinendes Papier übertragen werden (hier etwas verkleinert).
Schreibgerät war auch diesmal eine 5-mm-Breitfeder.

Konzert

(Seite 91)

Die Einladung zum Konzert und das dazu passende Plakat zeigen eine Kombination der Textura mit Großbuchstaben der Klassischen Antiqua.
Da solche Schriftstücke meist kopiert oder gedruckt werden, empfiehlt es sich, sie mit schwarzer Tusche auf weißem Maschinenbüttenpapier anzulegen (Plakat 32 x 44 cm, Einladung 34 x 22 cm).
Um eine optische Einheit zu gewährleisten, sind die wichtigsten Wörter beide Male in der gleichen Schrift gestaltet. Beim Plakat wurden eine 1,5 cm breite Messingblattfeder (Alternative: Breitfeder) und eine 3 mm starke Breitfeder eingesetzt, bei der Einladung Breitfedern von 5 und 3 mm.
Auch solche Texte „komponiert“ man am besten zunächst mit Hilfe von Skizzen in Originalgröße (Seite 20/21).

Freie Versalien

Nach der Pflicht kommt die Kür: Bei heftigen, schnellen Bewegungen mit der 1 cm breiten Messingblattfeder brechen die üblichen Konturen der Buchstaben auf, und die Striche fransen aus. In den Binnenformen hat die Feder, von den senkrechten Schmucklinien ausgehend, zweimal kurz nach rechts oben „ausgeschlagen“. So kam eine knospen- und blätterartige Wirkung zustande. Ganz neue Buchstaben ergaben sich. Doch solange sie erkennbar sind, ist erlaubt, was gefällt.
Das Schriftblatt erhielt besondere Akzente durch eine Zweitfarbe (andere Feder) und den Wechsel von größeren und kleineren Formen.

Wortbilder
Die „geschlossenen“ Wortbilder aus Groß- und Kleinbuchstaben wurden mit einem Blattpinsel (Synthetik) der Stärke 10 geschrieben. Voraussetzung für eine solche Arbeit ist, daß man mit einer breiten Feder umgehen kann. Dann gelingen die würfelförmigen Ansätze und Enden und die kräftigen Senkrechten besser.
Wenn es darum geht, in sich abgerundete Wortbilder zu erreichen, darf man ruhig etwas übertreiben: zum Beispiel wie hier Weißräume zugunsten der Dichte reduzieren, Anfangsbuch-

staben mal kleiner („Zeitung“) und mal größer („Konzert“) halten und die Wortenden ausschwingen lassen („Urkunde“, „Konzert“).
Bei „Urkunde“ wurde außerdem der Stamm des k gespalten, damit er mit dem d korrespondierte. Schleifen und Schwünge, die sich beim schnellen Schreiben des Wortes „Theater“ ergaben, wurden beibehalten.
Es ergaben sich „Headlines“ von großer Kraft, die das Auge auf sich ziehen und somit für Plakate, Hinweise, Einladungen bestens geeignet sind.

Briefe ſchreiben iſt
eine ſehr nüzliche
und nöthige Sache,
ja eine Wiſſenſchaft,
die einem jeden Men
ſchen faſt unentbehr
lich iſt. So nothwen
dig es auch iſt, daß
man wiſſe, mit an-
dern zu reden und ei-
ne Sache mündlich
vorzutragen; ſo noth-
wendig iſt es auch-
daß man wiſſe, an

andere zu ſchreiben,
und ſeine Sache da-
mit ſchriftlich vor-
zubringen, weil wir
diejenige Perſonen,
mit welchen wir zu
thun haben, nicht
allemal vor uns ſe-
hen, noch ſie münd
lich ſprechen kön̄en.
Wir können daher
einen Brief f. nichts
anders anſehen, als
für ein Geſpräch.

Wenn man nemlich einen Brief schreiben will/ und dazu das Papier gebührend zugerichtet und beschnitten hat/ so pfleget man inwendig den Anfang zu machen mit dem Titul/ welcher derjenigen Person gehöret/ an welche man schreibet. Diesen sezet man oben hin/ mit etwas grössern Buchstaben. Doch aber hat man sich wohl in Acht zu nehmen/ daß man der Sache weder zu viel noch zu wenig thue/ und den Titul weder zu groß noch zu klein mache. Denn thut man zu viel/ so macht man sich lächerlich und verrathet Unverstand.

Briefe schreiben ...

(Seite 96/97)

Der Text auf den Seiten 96 und 97 stammt aus dem bereits erwähnten Briefsteller des Jahres 1745 (Anleitung zum Briefeschreiben). Solch ein altes Schriftstück mit umständlichen Wendungen bietet sich zum „Spielen“ geradezu an. Und wenn das Original – wie hier – schon in gebrochener Druckschrift vorliegt, kann dies zusätzliche Anregungen zur Gestaltung liefern.

Die Textura ist sehr gut geeignet, um die Wirkung einer schönen, geschriebenen Buchseite wiederzugeben. Natürlich erfordert die Umsetzung eine vorherige Skizze in der endgültigen Größe (Seite 20/21) und eine gute Linierung. Auch sollte man sich gegenüber dem Original ruhig einige Freiheiten (Verkürzungen, Ausschnitte) erlauben.

Unser Beispiel (Blattgröße jeweils 30 x 43 cm) gliedert den Text in Kolumnen (13 x 27 cm). Die Höhe der Kleinbuchstaben entspricht dem Zeilenabstand (je 1 cm). Die Anfangsbuchstaben der Seite wurden zunächst mit Bleistift skizziert, nach dem Schreiben der Blätter (3-mm-Breitfeder und lasierende Sepiatusche) mit einem Spitzpinsel der Stärke 3 als Kontur ausgeführt und dann durch eine kleine Zeichnung ergänzt. Manche Buchstaben, zum Beispiel Initialen, wurden noch mit roten Farbakzenten verziert.

Gewürzschilder

Ein Schmuck für jede Küche: Gewürzgläschen mit selbstgeschriebenen Klebe-Etiketten. Diese dürfen ruhig nostalgisch anmuten. Die Textura mit ihren schlanken Formen ist dafür gut geeignet, denn sie erlaubt viel Text auf kleiner Fläche.
Eine Schriftprobe zu machen, lohnt sich auf jeden Fall. Bei einem längeren Wort oder bei mehreren Wörtern zwei Zeilen vorsehen. Mit einem weichen Bleistift die Mittellängen als Querlinien und ein paar Senkrechte zur Orientierung markieren. So vermindert man das Risiko, daß die Buchstaben umfallen oder in der Zeile tanzen. Die Schildchen dann zum Beispiel mit einer 1,5-mm-Breitfeder ausführen. Am Schluß sollte noch Platz für ein Rähmchen sein, das mit der gleichen Feder gezogen wird.
Übrigens: Der Einsatz von verschiedenen Farben bringt hier wenig Effekt. Lassen Sie lieber die Gewürze wirken.
Erst ganz zum Schluß dann die Etiketten aufkleben.

DIE ANTIQUA-KURSIV

Im Jahre 1450 erschien in Italien ein Lehrbuch der Schreibkunst, das eine große Wirkung auf Schreiber und Schriftentwerfer hatte. Der Römer Giovanni Battista Palatino, aus Kalabrien stammend, hatte es verfaßt. Es zeigte Holzschnitte von gotischen, spanischen, französischen, deutschen und anderen Lettern. Eine besondere Kostbarkeit darin war die „Canceleresca", eine Schreibschrift, wie sie in den vatikanischen Kanzleien verwendet wurde. Es war eine leicht nach rechts geneigte (kursive) Schrift von großer Schönheit und Klarheit. Erstmals gedruckt erschien sie 1522. Der Druck sicherte ihr eine große Verbreitung und führte letztlich zu der hier gezeigten Form der Antiqua-Kursiv (auch „humanistische Kursive"), die bis heute nichts von ihrer Frische eingebüßt hat. Sie wirkt fließend und harmonisch, erlaubt viel Text in einer Zeile und ist besonders variabel in ihren Ober- und Unterlängen.
Auch die Großbuchstaben, die zunächst noch gerade standen und erst etwa fünfzig Jahre später eine Neigung erhielten, erlauben freie Formen.
Die Antiqua-Kursiv ist eine ideale Ergänzung zu der geradestehenden Antiqua. Sie eignet sich gleichermaßen für literarische Prosa und Gedichte, für Glückwünsche und Sachtexte.
Bei dem Beispiel rechts sorgen Initialen für Bewegung, aber auch ausgeprägte Ober- und Unterlängen, die weit in die großen Zeilenzwischenräume hineingreifen. Ein übriges bewirkt das mit Wasserfarben grundierte Papier.
Geschrieben wurde der leicht verkleinert wiedergegebene Text mit Breitfedern von 1,5 und 2,5 mm.

Die humanistische Kursive
gab den zeitgenössischen
Schriftkünstlern die Möglichkeit,
in die strenge Gesetzmäßigkeit
der geschnittenen und gegossenen
Typen Züge des handschriftlichen
Duktus, ein graziöses Spiel der
Linien einfließen zu lassen.

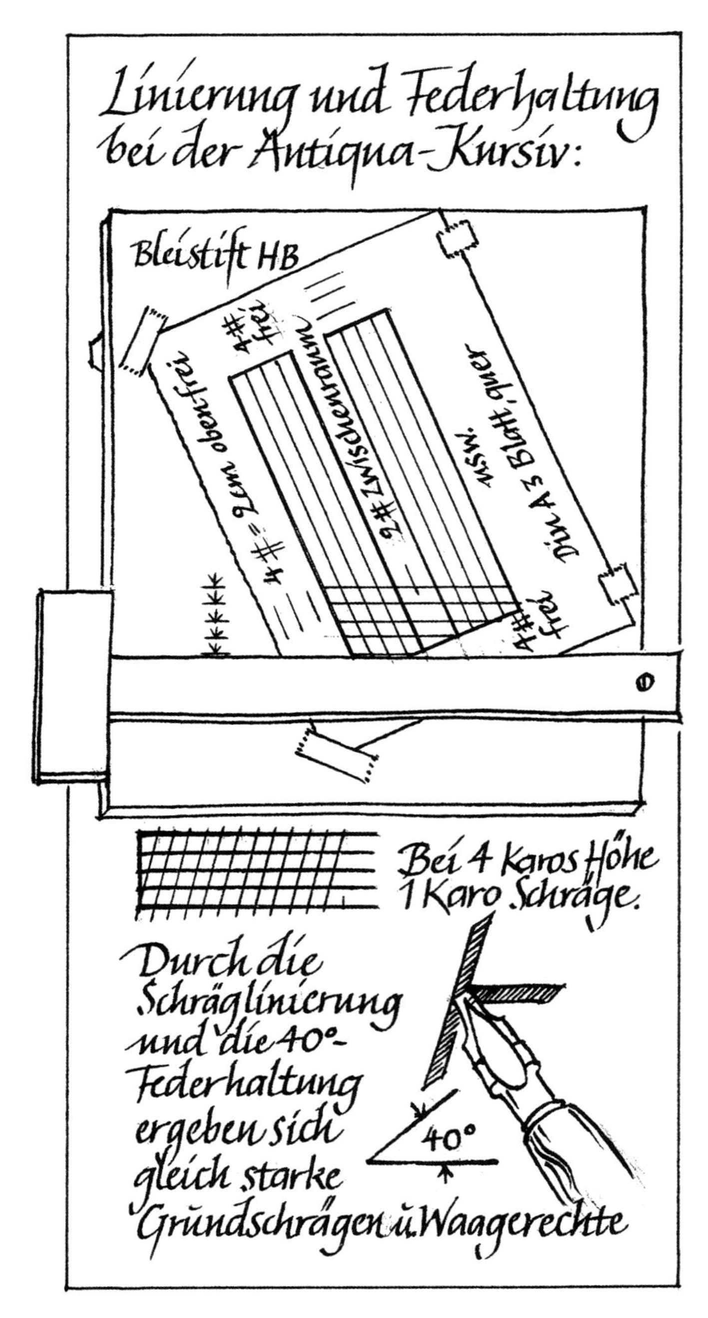

Vorbereitung und Beginn

Da die Antiqua-Kursiv keineswegs nur eine schrägstehende Antiqua ist, soll sie hier Inhalt eines eigenen Kapitels und eigener Übungen sein.
Die Übungsblätter sehen aus wie die der Klassischen Antiqua (zwei oder drei Kästchen Zwischenraum). Um sich das Schreiben zu erleichtern, legt man am besten Schräglinien an. Daran können sich die Grundstriche (Schäfte) orientieren. Die Zeichnung zeigt, wie es geht. Allerdings muß nicht unbedingt jedes Karo eine Hilfslinie erhalten. Winkel und Bögen lösen sich ohnehin immer wieder von dieser Schräge. Wichtig sind jedoch gleiche Abstände zwischen den Linien, damit ein ruhiges Bild entsteht.
Nehmen Sie für die Übungen eine 3 mm starke Breitfeder (Spatenform mit Überfeder). Sie wird wie bei der Antiqua in einem Winkel von 30 bis 40 Grad gehalten.
Bei großen Schriftgraden könnte man auch einen Blattpinsel verwenden ...

Kleinbuchstaben
Zeile 1: Die Übungen der ersten zwei Zeilen sind verkürzt dargestellt. Mit den Grundschrägen und Waagrechten beginnen und erst weiterfahren, wenn gleiche Strichstärken gelingen.
Danach das erste „Köpfchen“ formen: Mit einer Federkante einen Haarstrich schräg nach oben ziehen (Pfeil 1). Von der vorderen Spitze in einem kleinen Bogen nach rechts unten gehen (Pfeil 2). Ohne abzusetzen, die Feder nach oben bis zum Haarstrich (Anfang Pfeil 3, i) und sofort die gesamte Länge abwärts ziehen, den Strich am unteren Ende einrunden (Pfeil 3, i).
Dieses feine Köpfchen wiederholt sich bei vielen Buchstaben des kleinen Alphabets. Die Schrift lebt davon. Doch soll es sich trotzdem nicht um auffällige Formen handeln.
Generell gilt auch bei dieser Schrift: Grundschrägen von oben nach unten, Waagrechte von links nach rechts ziehen.
Zeile 2: Die c-Figur besteht aus zwei Takten, darauf baut die ganze Gruppe der Zeile 2 auf. Dazu gehört auch das historische zweistöckige a. Man kann die Formen nach Belieben wählen, aber nicht innerhalb eines Textes mischen.
Zeile 3 und 4: Hier geht es um den Übergang des sanft geschwungenen „langen s“ zu den Bögen oben und unten, während die Bögen der Mittellängen (Zeile 4) jeweils aus dem Stamm herausgezogen sind.
Zeile 5: Die Ligaturen hier sind „verpflichtend“.

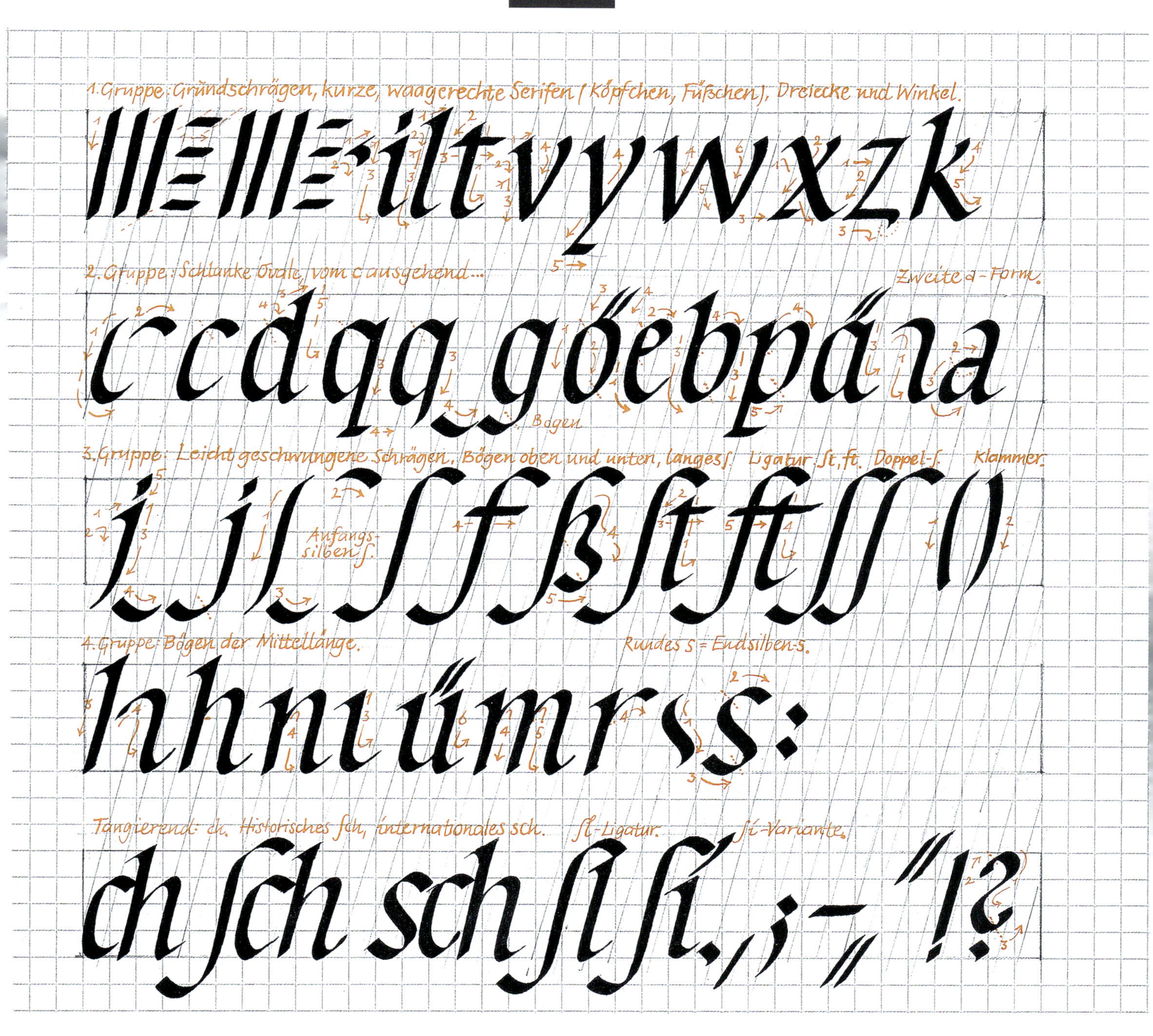
1. Gruppe: Grundschrägen, kurze, waagerechte Serifen (Köpfchen, Füßchen), Dreiecke und Winkel.
2. Gruppe: Schlanke Ovale, vom c ausgehend ...
Zweite a-Form.
Bogen
3. Gruppe: Leicht geschwungene Schrägen, Bögen oben und unten, langes ſ
Ligatur ſt, ft.
Doppel-ſ.
Klammer.
Anfangs-silben-ſ.
4. Gruppe: Bögen der Mittellänge.
Rundes s = Endsilben-s.
Tangierend: ch. Historisches ſch, internationales sch.
ſl-Ligatur.
ſi-Variante.

a b c d e f g h i j k l m n o p q r s ſ t u v w x y z a b c d e f g h i j k l m n o p q r s ſ t u v w x y z a b c d e f g h i j k l m n o p q r

Spiel mit Kleinbuchstaben

Wenn Ihnen die Übung links spielend leicht von der Hand gehen soll, bereiten Sie ein kariertes Blatt mit Querlinien im Abstand von jeweils drei Kästchen vor und ziehen schräge Hilfslinien. Auf einem quadratischen Feld verteilen Sie die Buchstaben des kleinen Alphabets dann von links nach rechts und von oben nach unten ohne Abstand zwischen den Zeilen. Um bei Ober- und Unterlängen Überschneidungen zu vermeiden, lassen Sie zwischen den Buchstaben zwei bis drei Karos Raum.
Es ergibt sich eine schachbrettartige Gliederung von Schrift und Freiraum. Letzterer kann durch ein paar Punkte oder Striche noch etwas gefüllt werden.
Für dieses Spiel nehmen Sie wiederum eine 3-mm-Breitfeder. Möchten Sie, wie hier leicht verkleinert abgebildet, ein Schmuckblatt ohne Karos gestalten, gehen Sie, wie auf Seite 20 und 21 beschrieben, vor.

Wortbilder

Bei der Übung rechts dreht es sich um erste Wortbildungen mit Kleinbuchstaben.
Wichtig ist, daß die Buchstaben dicht nebeneinander gesetzt werden. Deshalb ragt zum Beispiel das t über das w oder sind t und z zusammengezogen. Rücken zwei Ovale nahe zueinander, berühren sich die Bögen fast.
Ober- und Unterlängen greifen in den Raum der benachbarten Buchstaben ein.
Bei Doppel-s „langes s“ verwenden; den ersten Bogen oben etwas weniger ausdehnen, den zweiten Bogen unten leicht kürzen.

recycling

Dieser hintergründige, von Buchdruckern überlieferte Text zum Thema Papier stammt aus einer Zeit, als Papier noch nicht aus Zellstoff oder Zellulose, sondern aus Hadern (Lumpen) bestand. Er wurde hier neu interpretiert und aktualisiert durch die Überschrift „recycling".
Der Textblock wird durch die schräge Achse der Zeilenanfänge, die der Kursiven entspricht, in Bewegung gebracht. Die links herausgerückte Überschrift bildet einen Kontrapunkt und hält das Gleichgewicht. Die schwungvollen Ober- und Unterlängen verstärken den Eindruck des stetig Fließenden.

Das Grundformat des Blattes beträgt etwa DIN A3. Geschrieben wurde mit einer 3 mm starken Breitfeder. Das Blatt wurde erst als Skizze auf kariertem Papier angelegt, später dann auf weißes Papier übertragen (Seite 20/21). Die Schwünge wurden dabei zunächst nur mit Bleistift vorgezeichnet und am Ende dann ausgestaltet.
Bei einer Mittellänge von 15 mm wurde ein Zeilenabstand von 25 mm gewählt, so daß große Ober- und Unterlängen Platz finden konnten. Auch zwischen die Wörter wurde relativ viel Weißraum gelegt.

recycling

lumpen ergeben papier
papier ergibt geld
geld ergibt banken
banken geben darlehen
darlehen ergeben bettler
bettler ergeben lumpen.

e

Zunächst standen
die Großbuchstaben
der Kursiv gerade...

Die Entwicklung der Großbuchstaben

Die Antiqua-Kursiv ist in Italien als reine Kleinbuchstabenschrift entstanden. Brauchte man für Initialen oder Namen Großbuchstaben, übernahm man diese aus der geradestehenden Klassischen Antiqua. Die drei Zeilen auf dieser Seite veranschaulichen die Wirkung einer solchen Kombination.
Fünfzig Jahre später paßte man die Versalien der Schräglage und der Schlankheit der Kleinbuchstaben an.

Bei dem Text dieser Doppelseite wurde zwischen den Zeilen ein Abstand von 1,5 cm (3 Karos) gelassen. Die Buchstaben haben die gleiche Größe wie in den Übungen (Federstärke 3 mm). So ergibt sich ein günstiges Verhältnis von beschriebenem Raum (Höhe der Mittellängen) und Zeilenzwischenraum (3:4). Denn auch für größere Ober- und Unterlängen ist hier noch Platz.

…ſpäter bekamen ſie
die gleiche Neigung
und Schlankheit
wie die Kleinbuch-
ſtaben dieſer Schrift.

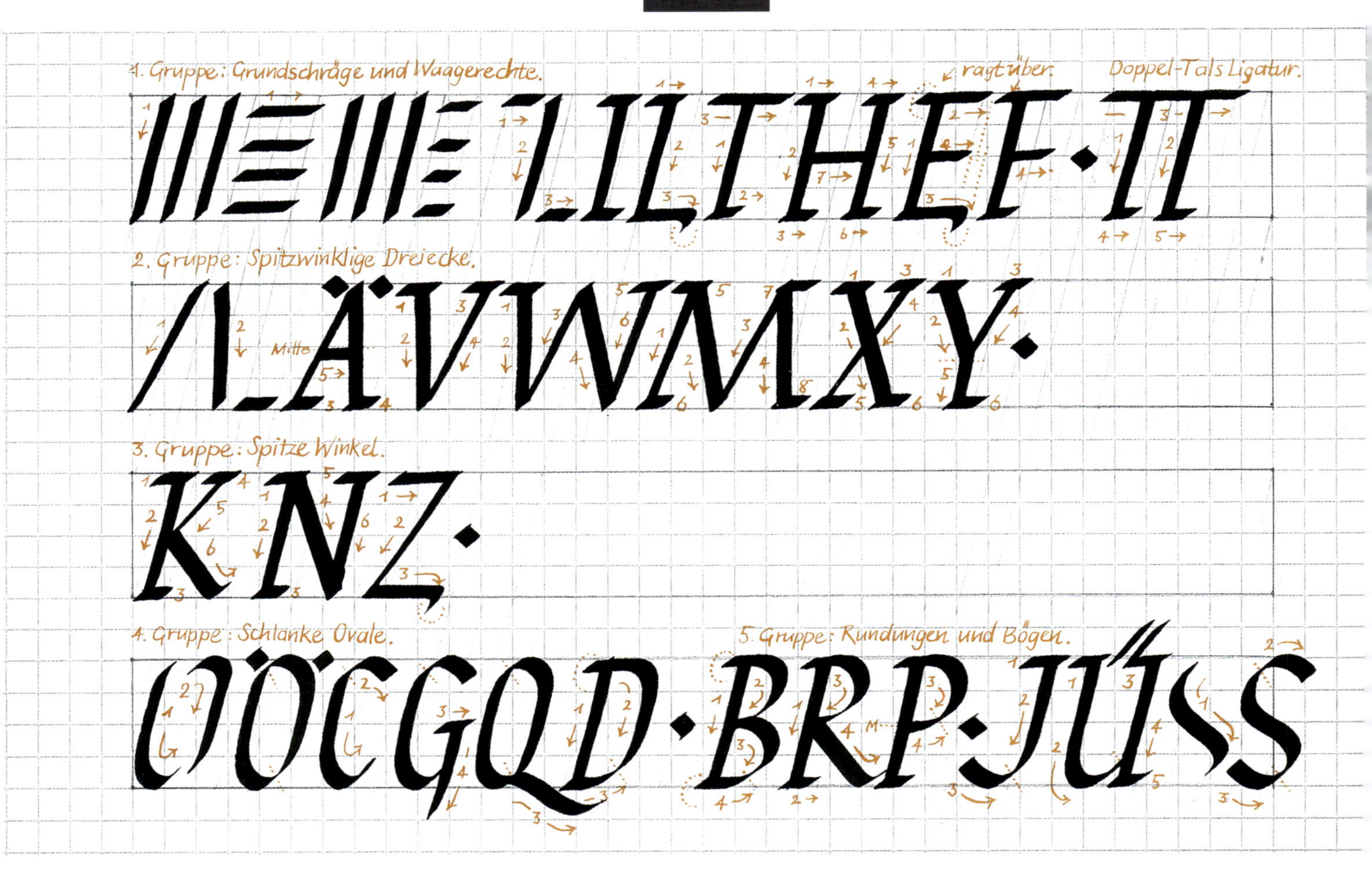

Großbuchstaben

Die Großbuchstaben der Antiqua-Kursiv sind schlank, streng, schnörkellos. Damit sie mehr Standfestigkeit haben, sind sie mit Serifen – also Köpfchen und Füßchen – versehen. Dies ist wichtig bei schräg stehenden Schriften.
Indem man die Feder konsequent im Winkel von 40 Grad zur Waagrechten hält, ergeben sich gleiche Strichstärken bei den Grundschrägen (entsprechend den Senkrechten der Klassischen Antiqua) und den Waagrechten. Die geradestehende Antiqua hingegen war geprägt durch einen Wechsel von kräftigen und zarten Linien.
Die Serifen werden nicht wie bei den Kleinbuchstaben durch zusätzliche Einrundungen mit dem Schaft verbunden! Das Gewicht der Serifen stellt immer einen Ausgleich dar: Oben ragen sie nach links, unten nach rechts. Dies trägt zum schnelleren Gang der auch „Laufschrift" genannten Kursiven bei.

Die Übungsblätter werden wie gezeigt liniert (Seite 102).
Zeile 1: Der untere Querbalken des E ist der längste, mit einem kleinen Serifenersatz am Ende. Der oberste Balken ist etwas kürzer, der mittlere ist der kürzeste.
Doppel-T wird durch ein gemeinsames „Dach" zur Ligatur.
Zeile 2: Der Querbalken des A sitzt direkt unter der Mitte, der Treffpunkt beim Y ebenfalls.
Zeile 3: Der Schlußtakt des K soll streng und nicht gebogen sein. Das Z hat wieder einen Serifenersatz am Ende.

HEFEHILFEFETT
MAXIMALMIX
ZINKWANNEN
SÜSSRAHMBROT

Zeile 4: Das Oval des O soll die Streckung betonen.
Bei dem leicht nach links geneigten Schlußtakt des G wird der Druck von der Feder genommen.
Der Bogen des P hat zwei Takte.
Der erste Takt des S soll eher streng sein, damit der Buchstabe in die gleiche Schräglage kommt wie die anderen Mitglieder dieser Gruppe.

Das Wortbild

Wie die Übung oben zeigt, eignen sich die Großbuchstaben der Antiqua-Kursiv gut für längere Textzeilen, also zum Beispiel für Überschriften.
Die Serifen sorgen bei dieser Schrift für eine Betonung der Ober- und Unterkanten. Sie lassen die Buchstaben außerdem optisch näher zusammenrücken. Für den Abstand zwischen Schrägen und Rundungen gilt ansonsten das bereits bei anderen Schriften Gesagte: Die Buchstaben sollen ohne „weiße Löcher“ und ohne „schwarze Nester“ Wörter bilden. Deshalb stehen Rundungen besonders eng nebeneinander. Am weitesten sind Senkrechte auseinander.
Besonderheiten: Wo Querbalken und Serifen aufeinanderfolgen, reicht bei der hier gezeigten Schriftgröße ein Abstand von 1 mm. – Wenn M und A, A und N oder R und A nebeneinanderstehen, können die Füßchen sich berühren.
Bei Texten wird zwischen den einzelnen Wörtern ein Zwischenraum von einem gedachten I gelassen.

AB CD EF GH IJ KL

MN OP QR ST UV

WX YZ · AO CF GJ ·

KP NL NO NC VM

AZ WZ OA DC

AB CD EF GH

IJ KL MN OP

QR ST UV WX

YZ AC BG OH

DO HB IK Z

Monogramme
(Seite 112 und 113)

Monogramme – ein Spiel mit zwei Großbuchstaben. Die Seiten 112 und 113 zeigen einige Beispiele. Auf der linken Seite treten die Buchstaben in einer eher strengen Form der Antiqua-Kursiv auf. Rechts werden sie durch Schwünge belebt und verziert. Teils sind die Buchstaben in der Höhe versetzt, teils stehen sie direkt nebeneinander.
Lassen Sie sich anregen und versuchen Sie, die schönste und passendste Anordnung für *Ihr* Monogramm zu finden. Probieren Sie interessante Verschmelzungen und Übergänge aus.
Oder gestalten Sie – ähnlich wie hier – ein Schmuckblatt mit verschiedenen Kombinationen.
Zunächst eine Skizze auf vorliniertem Papier anfertigen: Querlinien mit Abständen von 2 cm für die Buchstaben und 1 cm für den Zeilenabstand ziehen, außerdem schräge Hilfslinien. Den ersten Buchstaben direkt auf das Papier schreiben; den zweiten Buchstaben zunächst auf Transparentpapier schreiben, dieses dann auflegen und in die gewünschte Position schieben.

Wörter und Schwünge

Hier geht es nicht darum, perfekte Wortbilder zu entwerfen. Die Übung soll lediglich ein Versuch sein, den schwungvollen Großbuchstaben der Antiqua-Kursiv einen persönlichen „Touch" zu geben.
Schreiben Sie ein Wort fünf- bis zehnmal – in immer etwas anderer Weise. Im Nebeneinander der Varianten zeigt sich am deutlichsten, welche Lösung die beste ist. Gestalten Sie die Initialen bewußt etwas größer als gewöhnlich. Denn die Wörter sollen diesmal für sich allein wirken und in den Weißraum ringsherum eingreifen. Dabei kann durchaus eine große schwingende Linie einen kleineren Bogen durchqueren, ein O kann sich zu einer Spirale drehen, die Schwünge eines K können unter den Grundstrich gehen. Auch ausholende Kleinbuchstaben tragen zu eindrucksvollen Wortbildern bei – zum Beispiel das l mit seiner Oberlänge oder das g mit seiner stark gebogenen Unterlänge.
Solche Schwünge, wie sie oben abgebildet sind, wurden früher in Schriftmusterbüchern aufgeführt und waren dafür gedacht, Freiräume zu füllen, Abschnitte voneinander abzugrenzen oder einen festlichen „Schlußpunkt" zu setzen. Sie sind in ihrer Form eigenwilliger ausgeprägt als die Schwünge, die einen Buchstaben fortführen und schmücken.
Hier einige der am weitest verbreiteten Schwünge:

- Spiralen, bestehend aus einzelnen halben Ovalen, die immer kleiner werden;
- Schlaufen, die sich überschneiden;
- liegende S-Formen, die in der Mitte durch Druck verstärkt sind;
- Zweige mit Blättern.

Erfinden Sie eigene, neue Formen dazu.

Zeugnis
Bewegung
Rhythmus
Diplom
Wechsel
Orchester
Kunst
Spannung
Ausstellung

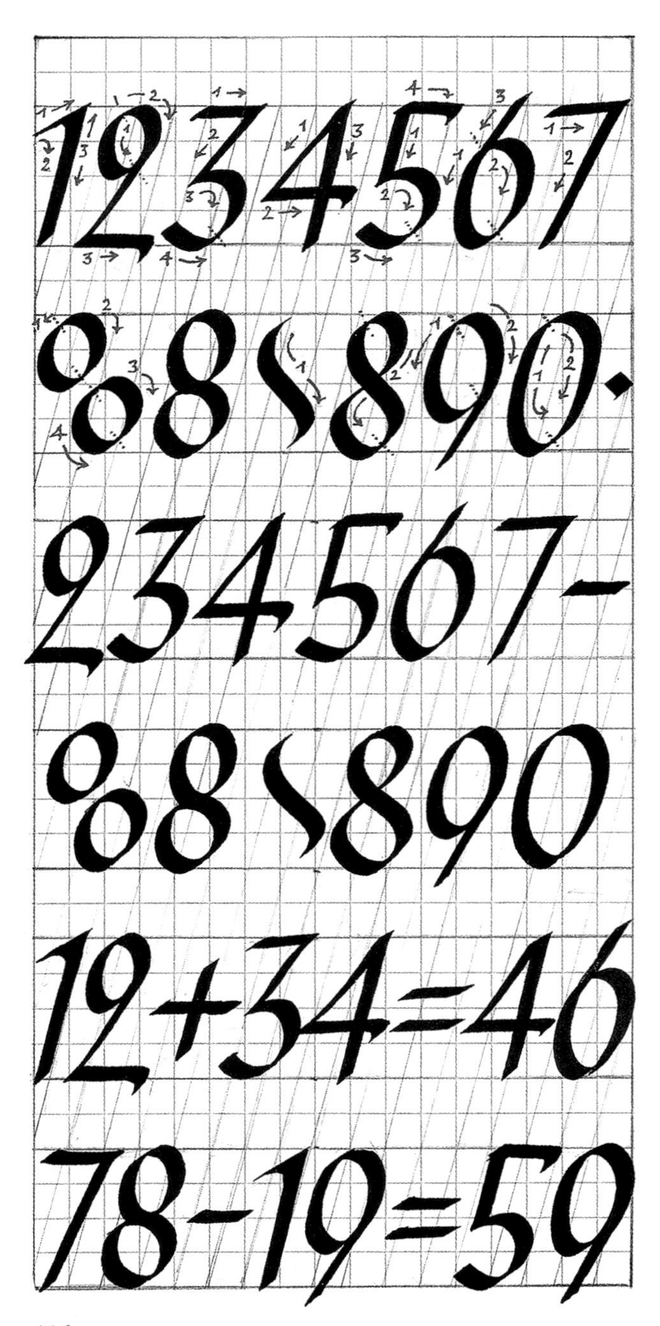

Ziffern

Die Ziffern haben hier die Größe der Versalien. Im Textverband können sie etwas kleiner sein. Wichtig ist, daß sie die Neigung und Schlankheit der Buchstaben besitzen und der Ablauf in den Bewegungen ähnlich ist.
Hier nun noch Einzelheiten:
Die Null ist identisch mit dem Großbuchstaben O.
Die 1 soll keinen zu langen Aufstrich haben. (Einrunden!)
Bei der 2 ein schlankes Oval (halbe Höhe) anstreben.
Bei der 3 die Diagonale bis knapp unter die Mitte ziehen, um eine eher offene Rundung zu erreichen.
Bei der 4 den Querstrich betont unter die Mitte setzen.
Die 5 ähnelt der 3.
Bei der 6 ein kleines o bilden und den Schrägstrich von oben her ansetzen.
Die 7 soll nicht umfallen, aber auch nicht ganz gerade stehen.
Für die 8 gibt es wieder zwei Modelle: zwei Ovale, die sich in der Mitte überlappen, und eine 8, die sich aus nur zwei Bewegungen zusammensetzt.
Die 9 hat ähnliche Proportionen wie die 6, das Oval endet aber mit einer einzigen Bewegung, die bis unter die Grundlinie reicht.
Bei mehrstelligen Zahlen die Ziffern eng aneinanderreihen (mit einer kleinen Pause bei den Tausendern).

Eine besondere Kalenderwoche

Jeder Tag in dieser Woche beginnt „mit Schwung".
Die Tage stehen versetzt untereinander mit nur geringem Zeilenabstand (Mittellängen und Zeilenabstand jeweils 1,5 cm). So greifen die Anfangsbuchstaben in den Raum des vorangehenden Tages über.
Die Datumsziffern sind weniger wichtig als die Tage selbst und lediglich so groß wie die Kleinbuchstaben.
Flüchtig nur wirken die Angabe des Ortes und das „Ende" (1 cm hohe Versalien).
Beim Anfertigen dienten mit Bleistift gezogene Querlinien (1,5 cm Abstand), eine Linksachse, eine Rechtsachse und eine Mittelachse der Orientierung.
Eine Erinnerung an eine intensiv erlebte Woche.

SCHWANBERG '93

Samstag 15.5.

Sonntag 16.5.

17.5. Montag

Dienstag 18.5.

19.5. Mittwoch

Donnerstag 20.5.

21.5. Freitag

Samstag 22.5.

23.5. Sonntag

ENDE

Wer Schriften schreiben kann, kommt nie in Verlegenheit, wenn es um ganz persönliche Glückwunschkarten geht. Dabei sind individuelle Formulierungen natürlich besonders gefragt. Kleine Zeichnungen oder Collagen ergänzen den Text in angemessener Weise.
Hier einige Anregungen (verkleinerte Wiedergabe).

Neue Spuren ...
Fußspuren, die mit einem flachen, kurzborstigen Pinsel aufgetupft wurden, rahmen die flüssig geschriebene Zeile ein. (2-mm-Breitfeder für den Text, Ziehfeder für die Linien, schwarze Tusche, kräftiges, aber faltbares Papier von 60 x 10,5 cm.)

Gemeinsam gehts leichter – Glückwunsch dazu!
3.6.1993
EUERE FREUNDE AUS FREIBURG

Zu Deinem 33. ...
Zahl und Hauptzeilen: 3-mm-Breitfeder. Der fortlaufende Text ergab rechts aufsteigend, links absteigend ein Quadrat (1,5-mm-Breitfeder, Zeichenkarton 21 x 21 cm). *Fortsetzung Seite 120*

Weihnachten und anderes

Warum nicht auch mal unterschiedliche Formate und Papiere für Glückwünsche verwenden? Hier einige Vorschläge dazu.

Zur Meisterprüfung
Ein chamoisfarbenes, starkes Büttenpapier (Büttenkarton) im Format 42 x 30 cm wurde zunächst in der Mitte gefalzt (21 x 30 cm).
Für die kleine Kopfzeile mit Ort und Jahreszahl wurde eine 1-mm-Breitfeder eingesetzt. Bei dem großen, geschwungenen Z wurde erst die Kontur mit einem Bleistift vorgezeichnet, danach konnte sie mit der gleichen 1-mm-Feder schwarz nachgezogen werden.
Auch die drei Doppelzeilen, die auf eine Breite von etwa 17 cm passen sollten, wurden kurz mit Bleistift skizziert. Einige Bleistiftstriche in der Grundschräge halfen bei der Ausführung.
Der größere Abstand zwischen den Zweiergruppen machte es möglich, die Unter- und Oberlängen stark zu betonen.
Dieser Grundtext wurde mit einer Breitfeder von 2,5 mm geschrieben. Am Schluß wurde mit einem Spitzpinsel gedeckte rote Aquarellfarbe in das Z gelegt.

Zu Weihnachten und zum Neuen Jahr
Vier lange und zwei kurze Zeilen und die Farben Rot und Grün bestimmen das Blatt. Dabei wurden die wichtigsten Wörter als schwungvolle Versalzeilen ausgeführt. Zuletzt bekamen die beiden Großbuchstaben der ersten Zeile noch kleine Farbakzente.
Grundlage war hier ein Deutsch-Japan-Papier vom Format 50 x 25 cm, das zu einem Quadrat (25 x 25 cm) gefaltet wurde (nach oben klappen). Mit Bleistift wurde zunächst die Mittelachse von oben nach unten eingezeichnet. Dann wurden die Grundlinien, Oberkanten und Schrägen markiert. Schließlich konnte der Text leicht vorgeschrieben werden. Ausgeführt wurde er mit einer 3-mm-Breitfeder und schwarzer Tusche beziehungsweise roter Aquarellfarbe (mit einem Spitzpinsel in die Feder füllen).

Zum 25.
Auch noch im letzten Moment möglich: Die Zahl 25 wurde als Kontur flüchtig mit Bleistift vorskizziert und anschließend mit Deckweiß und mit einem Spitzpinsel Nr. 4 (in einem Näpfchen mit klarem Wasser verdünnt) nachgezeichnet.
Im Inneren des quadratisch gefalteten Tonkartons (14,5 x 14,5 cm) liegt dann ein kurzer handgeschriebener Glückwunsch. Eine geknotete farbige Kordel hält beides zusammen.

Zum Einzug
Eine 3-mm-Breitfeder wurde für die Grundschrift verwendet, eine 5-mm-Feder für die besonders akzentuierten Formen, also für das U und die dachartig geformten Umlautstriche, für die „4 Wände" und das f.
Bleistiftlinien an den Ober- und Unterkanten der Mittellängen und einige Schräglinien erleichterten das Schreiben.
(Papier: weißes Maschinenbüttenpapier, ca. 42 x 30 cm, gefalzt 21 x 30 cm.)

Fortsetzung von Seite 119

Gemeinsam geht's leichter ...
... auch auf einem ungewöhnlichen Dreirad. Dieses wurde vorher skizziert, dann samt dem leicht unebenen Boden mit einer 2 mm starken Breitfeder gezeichnet.
Der Glückwunsch ist mit der gleichen Feder geschrieben, die beiden großen G wurden etwas verstärkt.
Im Kontrast dazu: zwei wesentlich kleinere und feinere (0,5 mm) Zeilen mit dem Datum und den Namen der Absender.
(Papier: leichter, faltbarer Zeichenkarton 30 x 10,5 cm.)

Zur Silberhochzeit ...
Ein kleines Kunststück: Die beiden „Akrobaten" wurden auf einem plastisch wirkenden großen S gezeichnet – mit derselben Breitfeder (0,5 mm) wie die kleinen Zeilen.
Für die Großbuchstaben der Hauptzeilen dagegen wurde eine 5 mm breite Feder genommen, ebenso für die locker gezogenen Linien oben und unten. (Kräftiges weißes Papier, DIN A4.)

e

Freiburg im Frühjahr '93 · Ruhestetten/Wald

Zu Deiner bestandenen

MEISTERPRÜFUNG
im KFZ-Handwerk

Dir, lieber Wolfgang,
herzlichen Glückwunsch

25.

Die besten Wünsche
zu
WEIHNACHTEN
und zum
NEUEN JAHR
für Euch beide von uns zweien

Über den Einzug
in Eure eigenen
4 WÄNDE
freuen wir uns mit Euch!

Ich wollte dir was dedizieren ...

Pars pro toto – ein Ausschnitt tut's auch, wie dieses Beispiel, das einem Gedicht von Ringelnatz (1883–1934) entnommen wurde, zeigt. Schön geschrieben, werden die wenigen Zeilen zu einem originellen Geschenk.
Der Anfang der sechs Textzeilen ist jeweils leicht nach links versetzt. Die Achse, an der sie sich orientieren, hat die gleiche Neigung wie die Buchstaben.
Jede zweite Zeile beginnt mit einem Großbuchstaben. Dieser wird, mit einem schönen und schwungvollen Auftakt gestaltet, zu einem besonderen Akzent. Auch weitere freie Varianten bringen Bewegung – zum Beispiel betonte, gebogene Oberlängen bei l, k, h oder Überlängen bei k.
Die beiden mittleren Zeilen in rotbrauner Tusche steigern die Dynamik. (Wer sich unsicher ist, wie eine Zweitfarbe wirkt, macht zunächst am besten eine Probe: Einfach ein Transparentpapier auf das Blatt legen und die gewünschte Stelle mit farbiger Tusche und einer neuen Feder beschreiben.)
Für die Gedichtzeilen wurde hier eine 3-mm-Breitfeder verwendet, für den Namen des Autors eine ganz feine 0,5-mm-Breitfeder.

Ich wollte dir was
dedizieren,
Nein ſchenken; was
nicht zuviel koſtet.
Aber was aus Blech
iſt, roſtet…

Joachim Ringelnatz

DIE SCHWABACHER

Neben runden Schriften – zum Beispiel verschiedenen Ausformungen der Antiqua – und der „gebrochenen" Textura entstanden sogenannte Bastardschriften (Mischschriften) wie die Schwabacher, die Rundungen und Brechungen vereint.
Die Schwabacher wurde Ende des 15. Jahrhunderts (wahrscheinlich in Schwabach oder Nürnberg) auch als Drucktype entwickelt. Ihre Herkunft aus schnell geschriebenen Handschriften zeigt sich noch an den schwungvollen, fließenden Formen und den Haarstrichen, die Buchstaben miteinander verbinden und für einheitliche Wortbilder sorgen.
Das dennoch klare, deutliche und gut lesbare Textbild haben sie zu einer wichtigen Schrift der Reformationszeit werden lassen und ihre Verbreitung vor allem im deutschen Sprachraum gefördert.
Bernhard von Breydenbachs „Reise ins Heilige Land" gehört nicht nur zu den ersten Drucken in der Schwabacher, sondern überhaupt zu den frühen Drucken – den Wiegendrucken oder Inkunabeln. Die rechte Seite zeigt eine Umsetzung mit Feder und Tusche (5-mm-Feder, hier leicht verkleinert). Der Auszug veranschaulicht den Charakter der Schwabacher, die gerade bei längeren Schriftstücken leichter, offener und fließender wirkt als die gotische Textura. Somit eignet sich die Schwabacher gut für Erzählendes: für Texte der Lutherzeit, der deutschen Renaissance und überhaupt für Historisches oder Historisierendes, aber auch für Glückwünsche.

Auf der Reise begegneten uns viele Schiffe, die von Alexandrien nach Kairo fuhren; diese Schiffe mußte man mit Seilen ziehen, grad wie man am Rhein die Schiffe von Köln bis Mainz mit Pferden zieht.

Aus »Bernhard von Breydenbach, 1483, die Reise…«

Vorbereitung und Beginn

Auch bei der Schwabacher ist die richtige Federführung Voraussetzung, um den wesentlichen Duktus der Schrift zu erfassen. Nehmen Sie für die Übungen eine 5 mm starke Breitfeder. Sie wird auch diesmal in einem Winkel von 40 Grad zur Waagrechten gehalten. Das Papier, wie gezeigt, vorlinieren.

Kleinbuchstaben

Gruppe 1: Der Dreierrhythmus, der die Einheiten der Textura prägte, wird bei den Kleinbuchstaben der Schwabacher zu einer einzigen fließenden Bewegung zusammengezogen (i, l, r, t, x ...). Weiche, runde Übergänge verbinden die Anfangsschräge mit der Senkrechten und der Schlußschräge.

Wichtig ist eine immer gleiche Federhaltung von 40 Grad. Die Feder oben glatt ansetzen, eine kurze Schräge nach rechts unten ziehen, mit kräftigem Druck in die Senkrechte übergehen, unten weich in die Schräge übergehen, dann am Buchstabenende den Druck wegnehmen, um einen feinen Haarstrich nach rechts oben zu erzielen. Anfang und Ende eines Striches bilden scharfe Kanten.

Die einzeln gezeigten Einheiten sollen den Bewegungsablauf verdeutlichen.

An Details ist zu beachten:

Beim n und m wird auch die obere Querverbindung in den Bewegungsablauf eingeschlossen.

Das v zeigt bei seinem zweiten Grundstrich eine leicht ver-

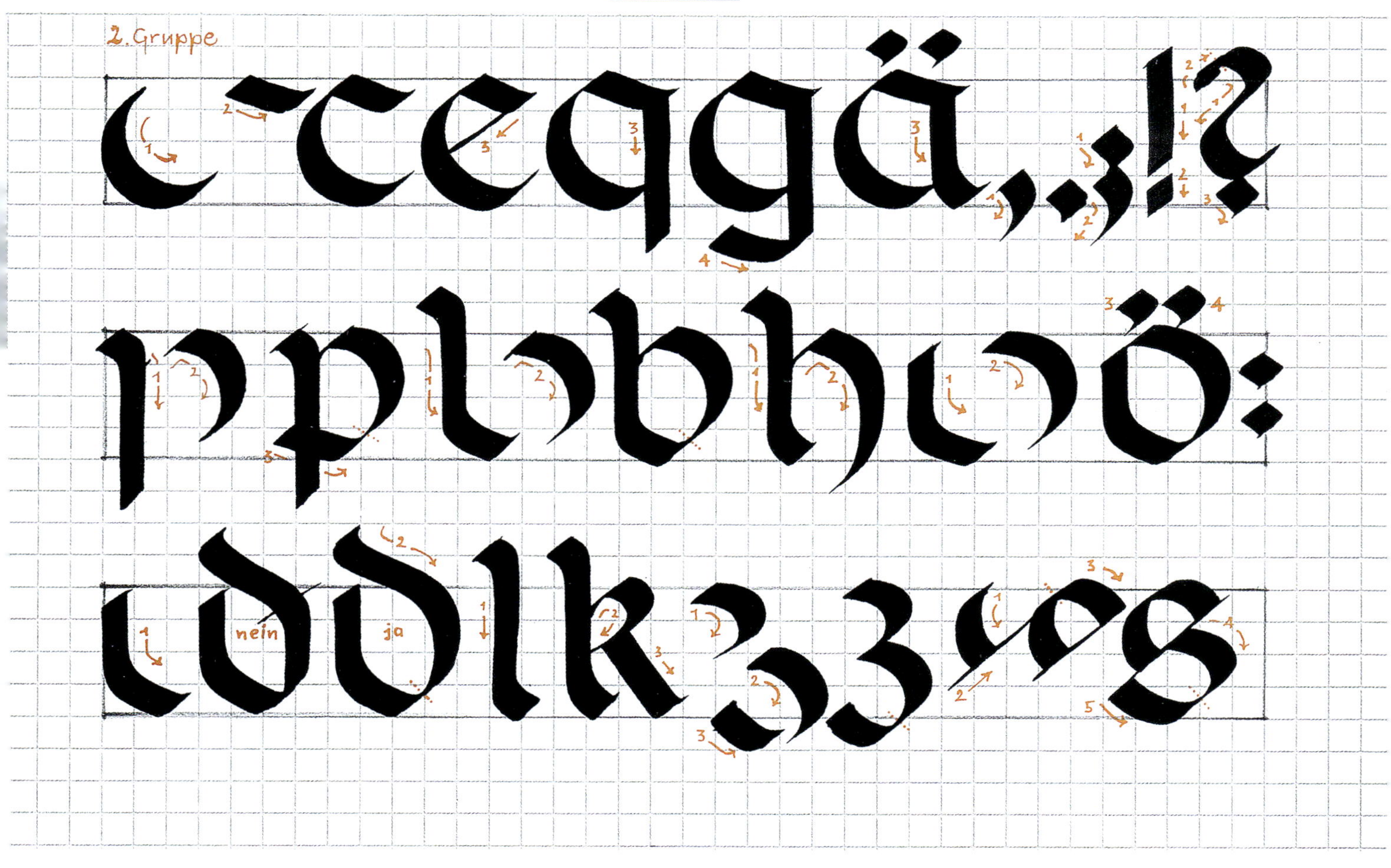

zogene Rundung, die mit einem aufwärts weisenden Haarstrich beginnt.
Das w setzt sich aus unterschiedlichen Bewegungen zusammen.
Das „lange s“ wird samt der Anwendungsregel aus der Textura übernommen, allerdings mit einer etwas längeren „Fahne“ Links steht ein kleiner „Dorn“ aus der Senkrechten heraus. Die Feder dabei leicht einrundend führen.
Die „Fahnen“ bei den s- und f-Formen sollen nicht zu steil nach rechts unten verlaufen.
Gruppe 2: In der ersten Zeile treten „echte“ halbe Rundungen auf (mondsichelförmig, schräg liegend). Sie werden durch eine „Fahne“ ergänzt.
Zeile zwei bringt dann wieder leicht verzogene, runde Bewegungen.
Bei o/ö darauf achten, daß die erste Hälfte einen weichen Knick aufweist.
Auch beim ersten Teil des d tritt der weiche Knick auf.
Der rechte obere Bogen des k sollte organisch aus dem Grundstrich herauskommen, oben eine scharfe Kante bilden und dann zur Mitte führen. Der Bogen beginnt und endet mit einer feinen Linie. Die Stütze nach rechts unten zeigt keine Biegung, sondern eine strenge Schräge.
Das Schluß-s wird in vier Viertelbögen geschrieben, wobei sich alles an der diagonal aufwärtsführenden Haarlinie orientiert.

Abstände

Als Faustregel gilt auch diesmal: nebeneinanderstehende Senkrechte verlangen den meisten Abstand, zwei Rundungen den geringsten. Die feinen Haarstriche an den Buchstabenenden dürfen die nachfolgende Figur berühren. Spitzen, die sich gegenüberliegen, stoßen aneinander (e und i) oder haben einen nur geringen Abstand (r und t). Der richtige Wortabstand ist wieder ein gedachtes i.

Der Zeilenabstand ist so groß wie die Mittellängen oder etwas größer (hier 2 cm, Breitfeder 5 mm).

Der Text oben zeigt noch einmal, wie wichtig richtige Buchstabenabstände sind: d und e, aber auch h stehen sehr eng, e und r stoßen an der Spitze zusammen, a und r wie auch l und „langes s“ sind sehr weit auseinander.
So entsteht das typische behäbige, breitfließende Schriftbild.

Hier einige Fehler, die sich häufig einschleichen:
Die Buchstaben sind zu schlank.
Die Federhaltung ist zu steil, die Senkrechten werden zu dünn.
Die Ober- und Unterlängen sind zu groß; die Betonung der Mittellängen geht verloren.

neue schriftformen ...

Auch mit rein sachlichen Texten lassen sich interessante Schriftblätter gestalten. Die Beschränkung auf Kleinbuchstaben verleiht dem Text rechts eine moderne Note. Da keine „gewichtigen" Großbuchstaben auftreten, ergibt sich ein sehr ruhiger Gesamteindruck.
Das Blatt zeigt noch einmal, wie gut sich bei dieser Schrift die Buchstaben zu Wortbildern zusammenfügen. Dieser einheitliche Charakter entsteht unter anderem durch verbindende Haarstriche, aber auch durch Ober- und Unterlängen, die in den benachbarten Weißraum „hineinfließen".
Das Blatt ist im Original etwa 40 x 40 cm groß, der beschriebene Teil (Schriftspiegel) etwa 30 x 30 cm. Geschrieben wurde mit einer 5 mm starken Breitfeder.

Zunächst auf Karopapier arbeiten. Als Hilfe Querlinien im Abstand von jeweils 2 cm (vier Karos) aufzeichnen. Die Höhe der Mittellängen (n) soll dem Zeilenabstand entsprechen. So entsteht ein fließendes, trotzdem aber klar gegliedertes Schriftbild. Rechts dürfen die Zeilen ruhig „flattern", da vorrangig eine orthographisch richtige Schreibweise und Trennung angestrebt werden.
Hier erübrigt sich das Ausschneiden und Auslegen: Für die „Reinschrift" lediglich ein leicht durchscheinendes Papier (weißes Maschinenbüttenpapier) auflegen. Zarte Linien, mit weichem Bleistift an den Begrenzungen der Mittellängen entlang gezogen, können beim Nachschreiben eine zusätzliche Hilfe sein.

neue ſchriftformen tauchen zuerſt in kurſiven handſchrif- ten auf, die ſich ſpä- ter in buchſchriften ſtabiliſieren, umge- kehrt wirken dieſe als vorbild zurück.

Großbuchstaben

Für die Übungen der Versalien Hilfslinien ziehen: Für die Buchstaben fünf Kästchen Raum lassen und für die Abstände zwischen den Zeilen zwei Kästchen.

Die Versalien der Schwabacher sind nur unwesentlich höher als die Kleinbuchstaben. Zu beachten ist, daß die Spitzen der Einzelbewegungen jeweils ganz leicht die eigentliche Ober- und Unterkante der Schrift überschreiten.

Bei Groß- und Kleinschreibung bietet sich ein etwas größerer Zeilenabstand von vier Karos an, damit die Ober- und Unterlängen genügend Platz haben. (Hier dann am besten alle Linien im Abstand von vier Karos anlegen; jeweils ein Kästchen über der oberen Schriftbegrenzung eine weitere Linie für die Versalhöhe ziehen.)

Um den Bewegungsablauf zu verdeutlichen, werden verschiedene Takte wieder einzeln gezeigt.

Zeile 1 der ersten Gruppe: Das F hat zwei unterschiedliche Bögen und oben eine „Fahne".

Zeile 2: Das P würde mit voller Rundung zu groß wirken. Beim X nimmt der erste Strich die ganze Buchstabenbreite ein. Das T birgt eine klassische T-Form über der Rundung.

Bei S tritt erstmals ein sichelförmiger Halbbogen auf. In Takt

zwei folgen eine kleine Rundung und ein Querstrich, der weich geschwungen in die untere Spitze übergeht. Den Schluß bildet ein flacher oberer Bogen.
Zeile 3: Alle Buchstaben beginnen mit einem sichelförmigen Halbbogen. Bei C erscheint eine kurze, klar abgesetzte „Fahne“, die bei E und G direkt im Längsstrich anfängt. Bei O und G hat der zweite Halbbogen wieder einen deutlichen Ansatz.
1. und 2. Zeile der zweiten Gruppe: Die Anstriche beginnen fast waagrecht, um dann erst in die Rundung einzuschwenken. Alle Zweitbewegungen enden in einem leicht eingerundeten, aber harten Haarstrich nach oben.

Zeile 3: Die ersten vier Figuren setzen mit einer leichten Wellenbewegung ein, beim U ist sie ein wenig stärker.
Das K hat oben eine eher runde, das L hat eine steile „Fahne“, die sich am Ende ins Buchstabeninnere richtet (den Druck am Ende der Bewegung zurücknehmen).
Bei aller Ähnlichkeit sollen die Einzelfiguren natürlich charakteristisch bleiben. Besonders bei A und U sollte man darauf achten, daß sie nicht verwechselt werden.
Aus Großbuchstaben zusammengesetzte Wörter schließen sich bei der Schwabacher wie bei der Textura aus: Die Figuren sind in starkem Maß eigenständig.

ABRAHAM A SANCTA CLARA

Es hat ſchon
im Alten Teſtament
MUSICOS geben:
DAVID/ als ein hir-
ten-Jung hat ge-
pfiffen/ als ein
könig auff der
harpffen geſpielet;

„Die Muſic iſt ein ſo liebliches
Ding/daß ſie auch die Peſt
und Podagra/neben andern
ſchweren Krankheiten curi-
ret/und vertrieben; auch ſo-
gar die wilde Thier und Fiſch
im Waſſer herbey gelocket.“

Musicos und Music

Reizvoll ist die Verbindung von alten Sprachformen und alten Schriftformen. Hier ein Beispiel dafür.

Die beiden Ausschnitte aus den Predigten des Abraham a Sancta Clara (eigentlich Johann Ulrich Megerle, 1644-1709) wurden zunächst auf kariertem Papier geschrieben, wo Hilfslinien im Abstand von jeweils vier Karos eingezeichnet waren. Beidesmal sind die Großbuchstaben fünf Karos, also 2,5 cm hoch (hier verkleinerte Wiedergabe). Die Texte wurden anschließend ausgeschnitten, angeordnet und auf leicht transparentes Papier übertragen.

Der erste Text wurde dem Inhalt gemäß in der Form einer Harfe arrangiert, links bündig, rechts flatternd. Mit einer 5-mm-Breitfeder wurde er ins „Reine“ geschrieben. Für die Autorenzeile wurde eine feinere Feder von 2 mm verwendet.

Das Blatt liefert ein Beispiel dafür, wie gut sich verschiedene Schriften – hier die Schwabacher und die Klassische Antiqua (Großbuchstaben) – miteinander verbinden lassen.

Eine ebenfalls mit der 5-mm-Feder gezeichnete Harfe und einige Tupfer mit Wasserfarben beleben das Blatt.

Der Text oben wurde, leicht zeilenversetzt, in einem Querformat angeordnet. Die Anführungszeichen zu Beginn des Zitats (direkte Rede) sind aus dem Schriftspiegel herausgerückt.

Diesmal wurde eine 4 mm breite Feder verwendet; so wirkt das Schriftbild etwas heller und offener.

Freie Formen

Heiter und tänzerisch, mit seitlich versetzten Schritten sich bewegend, mit Körper und Händen in den Raum greifend – fast wie die Moriskentänzer der frühen Renaissance, so wirken diese freien Formen der Großbuchstaben.
Die Buchstaben wurden hier mit einer Messingblattfeder von 1 cm Breite frei auf die Fläche geschrieben (50 x 50 cm). In der Schlußphase der Bewegung wurde der Druck weggenommen, nur die Konturen der Feder zeichneten sich noch ab. Die Striche „fransten" aus. Der lockere und spontane Charakter, der sich hierdurch ergab, wurde beibehalten und nicht durch nachträgliche Korrekturen abgeschwächt.

Die sachlich richtigen Grundformen sollten Ihnen durch vorhergehende Übungen geläufig sein, wenn Sie solch ein Blatt beginnen.
Kompositionen dieser Art besser nicht korrigieren. Bei Fehlern lieber ein neues Papier auflegen und sich an den gelungenen Formen orientieren.
Besonders gut harmoniert mit solchen freien Formen der Schwabacher Versalien eine verdünnte oder leicht transparente Tusche – zum Beispiel chinesische Stangentusche, die mit Wasser angerieben und mit einem Spitzpinsel in die Feder gefüllt wurde.

Schriftstücke

Ex libris
Die Buchstaben sind hier nicht mit einer, sondern mit zwei Federstrichen (je 3 mm breit) geschrieben. Dadurch kommt eine weiße Schmucklinie zustande. Aus Spaß am Ornament wurde das Wort gespalten, in vier Teile zerlegt und dann, an der Grenze der Leserlichkeit, in einer Kolumne zusammengefügt. Zwischen die Linien am Kopf und Fuß des Streifens läßt sich der Name des Besitzers einfügen. Nun kann man die Vorlage auf schönes Papier kopieren.

Urkunde
Das dominierende Wort „Urkunde“ wurde mit einem Blattpinsel Nr. 10 auf weißes Papier geschrieben (hier etwa halbe Größe). Die Buchstaben der hier verwendeten Schwabacher wurden mit einem Spitzpinsel etwas ausgezogen und mit Deckweiß gerundet.
Der restliche Text ist in der klassischen Antiqua geschrieben (2 mm starke Breitfeder).
Eine breite Linie (Blattpinsel wie zuvor) schließt das Blatt nach unten ab. Sie wurde ebenso wie das Wort „Urkunde“ mit kleinen Schmuckelementen aus Deckweiß untergliedert. Statt einer Linie wäre auch das Lorbeerblatt daneben geeignet.

Gutschein
Der Gutschein (hier halbe Größe) „lebt“ von der strukturierten Überschrift. Als Anregung diente die leicht gefurchte Spur der hier verwendeten 1 cm breiten Messingblattfeder. Die Feder spreizte sich beim Schreiben und hinterließ hier und da weiße Linien. Diese wurden mit einem feinen Spitzpinsel und Deckweiß nachgearbeitet und ergänzt.
Die Vignetten in den vier Ecken sind durch ein schnelles Drehen der Feder entstanden; die Linien wurden leicht nachgezogen.
Für die kleinere Schrift wurde eine 0,5 mm starke Breitfeder genommen, für die Linien eine Ziehfeder.

Monogramm HB
Das Monogramm wurde zunächst mit einem Bleistift skizziert, die Kontur der Buchstaben und das Quadrat (4 x 4 cm) dann mit einem feinen Spitzpinsel nachgezeichnet und das äußere Feld mit Tusche ausgefüllt.
Eine gezeichnete Schlaufe (am besten eine „echte“ Schlaufe als Vorbild nehmen) bringt Bewegung ins Spiel.

Urkunde
Name
Klasse
erhält für hervorragende Leistungen im Fach
einen Preis
Datum
ORT
Unterschrift
Gutschein
für
über
Unterschrift:
Ort:
Datum:

DER WEG ZU EINER NEUEN HANDSCHRIFT

Karl der Große ließ durch den Mönch Alkuin von York eine Schriftreform in die Wege leiten, aus der unter anderem die erste Kleinbuchstabenschrift, die Karolingische Minuskel, hervorging. Um im Rahmen der Reichsverwaltung praktikabel zu sein, mußte diese Schrift leicht und schnell zu schreiben, zugleich aber auch klar und gut zu lesen sein. Die Karolingische Minuskel, die diesen Anforderungen entsprach, setzte sich als *die* Amtsschrift der Kanzleien durch. Individuelle Ausprägungen waren hierbei nicht gefragt.

Auch in den prachtvollen Handschriften des Mittelalters und Spätmittelalters, die aus Klöstern und Domschulen stammten und teilweise private Auftraggeber hatten, war kein persönlicher Duktus erwünscht. Mittlerweile waren mehrere Schriftarten – im Süden runde, im Norden gebrochene – entstanden, doch hielt man jeweils an den Vorbildern fest. Allerdings entwickelten einzelne Großklöster einen eigenen Stil. Aber nur in Ausnahmefällen lassen sich Texte aufgrund von Feinheiten im Schriftbild einem bestimmten Schreiber zuordnen.

Mit der Ausbreitung des Buchdrucks entstanden weitere Schriftarten – und zwar nicht nur im Druck-, sondern auch im Handschriftenbereich. Schreibmeisterbücher legen davon Zeugnis ab. Sie enthielten eine große Vielfalt an Schriftvarianten und waren gedacht als Vorlagen für Schreiber in Kanzleien und an Höfen. Und an solche Vorlagen hielten sich die Schreibkundigen auch.

Nachdem sich der Buchdruck durchgesetzt hatte und man im öffentlichen Bereich nicht mehr auf Schreiber angewiesen war, hätte die individuelle Handschrift einen höheren Stellenwert einnehmen können. Daß dies noch nicht der Fall war, lag an dem weit verbreiteten Analphabetentum. Erst als die Lese- und Schreibkultur Allgemeingut wurde, war die Zeit gekommen, nicht nur bei der Unterschrift, sondern auch bei der eigenen Handschrift Wert auf eine persönliche Prägung zu legen. Eine nicht unerhebliche Rolle bei dieser Entwicklung spielte die Metallfeder und der Füllfederhalter, der es erlaubte, Tinte zu reservieren. Ende des 19. Jahrhunderts begann sein „Siegeszug". Der Füllfederhalter wurde zum Statussymbol. Die unverwechselbare Handschrift war nun immer mehr gefragt.

Im Unterschied zu anderen Ländern Europas schrieb man in deutschsprachigen Gebieten zunächst eine gebrochene Schrift, die eine Fortführung der Textura darstellte. Erst seit den vierziger Jahren setzten sich auch hier runde, lateinische Schriftformen durch.

Das folgende Kapitel möchte die persönliche Handschrift ins Bewußtsein rücken und anregen, die eigene Schrift zu überdenken. Oder sich sogar eine neue, ausdrucksstarke Handschrift anzueignen.

Die Urkunde rechts aus dem Jahre 1820 (sie regelt Erbschaftsangelegenheiten) ist in diesem Zusammenhang weniger wegen ihrer kunstvollen Ausführung interessant als wegen der Unterschriften, die ganz verschiedene, bereits höchst individuelle Ausprägungen von Handschriften zeigen.

Empfang der Legate gehörig legalisirte Vollmachten zu erlangen, und solche der Theilungs = Deputation zu übergeben so ermächtigen wir unseren Anwald Procurator Wiest unsere vollkommene Zufriedenheit mit den letzten Willens = Verordnungen unseres verstorbenen Herrn Bruders, vormaligen Dom-Capitulars Grafen Franz von Kuenburg dem Pupillen = Senat des königl: Gerichtshofes in Ellwangen wiederholt zu erklären und die uns vermachten Legate zum Behufe deren Verabfolgung an uns in Empfang zu nehmen.

Urkund unserer eigenhändigen Unterschrift und beygedruckten adelichen Sigel. Actum Wien den 12ten April 820.

Karl Graf von Kuenburg
K. K. Kämmerer

Johann Graf von Kuenburg
K K Kämmerer

Franz Graf von Kuefstein
als erbetener Zeuge

August Graf v [illegible]
k. k. Kämmerer
als erbetener Zeuge

Anton Freyherr v. [illegible]
als erbetener Zeuge

Anton Freyherr von Münch
als erbetener Zeuge

Von dem k. k. n: ö: Landrechte wird

Auf dem Weg zu einer Handschrift
von der Antiqua-Kursiv aus-
mit leichter Beschleunigung die
nächste Doppelzeile versuchend,
danach mit größerem Tempo
und ersten Vereinfachungen,
um am Ende mehrerer Schritte
zu eigenen Formen zu kommen.

Auf dem Weg zu einer Handschrift ...
Heute kann jeder seinen persönlichen Schriftstil gestalten und das ihm liebste Schreibgerät wählen. In der Regel entwickelt sich der Schriftstil auf der Grundlage der in der Schule gelernten Ausgangsschrift. In diesem Kapitel sei eine Handschrift auf der Basis der Antiqua-Kursiv, die sich dafür besonders gut eignet, vorgeschlagen. Im Unterschied zu den historischen Schriftformen, die man eher langsam und mit Betonung jeder einzelnen Bewegung vollzieht, geht es hier um einen zügigen, schnellen Schreibfluß. Die Vorlage oben hat in diesem Fall übrigens keinerlei Verbindlichkeit. Es ist nur eine mögliche Handschrift.
Am besten nimmt man eine 1,5 mm starke Breitfeder oder einen Füllfederhalter mit entsprechend breiter Spitze. Beginnen Sie, wie oben veranschaulicht, mit einem recht großen Schriftgrad. Schreiben Sie allmählich schneller, so daß sich die Formen verschleifen, vereinfachen, verkürzen. Letztlich soll sich Ihre persönliche Schrift herausbilden. Machen Sie bei alldem

Hier eine Handschrift mit einer üblichen Rechtsneigung, mit einem Füllhalter geschrieben.

Damit läßt sich durchaus auch wesentlich steiler schreiben, Binnenformen sollten aber noch offen bleiben.

Manche Handschriften haben Linksneigung. Diese kann beibehalten werden.

Sehr starke Rechtsneigung verengt das Wortbild. Dafür zeigen sich meist deutliche Ober- und Unterlängen.

kleine Schritte. Es werden auf jeden Fall mehr als die hier gezeigten Zeilen nötig sein.
Bei der Entwicklung einer neuen, leserlichen und ausdrucksstarken Schrift, sollten Sie die Eigenheiten Ihrer Hand und Ihren Rhythmus bewahren. Sie können auch wesentliche Anteile ändern, ohne sich zu verstellen.
Betrachten Sie – möglichst objektiv – Ihre „Schwächen“. Haben Sie die Buchstaben bislang zu stark zusammengedrängt, zu weit auseinandergezogen oder voneinander getrennt, versuchen Sie, dies abzulegen. Denn Ästhetik und Leserlichkeit leiden darunter.
Streben Sie markante Großbuchstaben an, große Mittellängen, deutliche, aber keine übertriebenen Ober- und Unterlängen. Wahren Sie die Charakteristik der einzelnen Buchstaben.
Wenn Sie eine gewisse Sicherheit erlangt haben, schreiben Sie mit unterschiedlichen Geräten und beobachten Sie die Veränderungen. Womit schreiben Sie jetzt am liebsten? Wodurch kommt die Schrift am besten zur Geltung?

Offene Buchstaben sollten auch bei schnellem Schreibtempo offen bleiben (a o q ...)

Arkaden mn sollten sich deutlich von Girlanden uu unterscheiden (n und u)

Die Mittellängen der Handschrift sollten nicht zu gering werden (kein Schrumpfprogramm)

Ober- und Unterlängen sollten nicht zu kurz geraten, damit alles gut leserlich bleibt.

Großbuchstaben sind etwas niedriger als die Oberlängen einer Schrift.

Mit dem Füller ergibt sich eine Schreibspur,
die Individualität zum Ausdruck bringt.

Der eine schwört auf den Bleistiftstrich,
der kaum Hindernisse kriegt,

der andere lacht bei seinem Kuli,
der besonders schnell läuft.

Ein Filzstift ist kraftvoll,
verschmäht Feinheiten...

...während der Spitzpinsel
eigenen Duktus zeigt.

SCHRIFT FREI GESTALTEN

Selbst die Digitalisierung der Druckschriften und die Textgestaltung am Bildschirm haben geschriebene Schrift nicht überflüssig gemacht. Durch „Handschrift" läßt sich manches besser lösen, vieles wirkt origineller und natürlich auch individueller.

Grundlage dafür können die in diesem Band vorgestellten Schriften sein. Einige Möglichkeiten ihrer Anwendung wurden bereits gezeigt. Daneben öffnet sich ein weites Feld des freien spielerischen oder künstlerischen Ausdrucks. Hier ist Kreativität gefragt: Mit welchen Schreibgeräten läßt sich der Text eindrucksvoll „transportieren"? Welche Papiere, welche anderen Materialien eignen sich als „Beschreibstoffe". Welche Tusche, welche Farben passen dazu?

Das Beispiel auf der rechten Seite gehört zu einer Serie von Plakaten, die sich Berufen widmet (weiteres Seite 148 und 149). Hier geht es zunächst um Berufe der Drucktechnik. Die Arbeit verbindet Schriften verschiedener Art (Blockschrift und Klassische Antiqua) und verschiedener Größe mit gezeichneten Elementen. Der Duktus der oberen Schrift erinnert an Gedrucktes, die unteren Buchstaben wirken wie die Typen einer Schreibmaschine. Die Zeichnung des Computers bringt eine weitere Form der Wortverbreitung ins Bild.

Ein Blattpinsel und eine rechteckige Feder (Feder Nr. 505), Wasserfarben und Tusche waren die „Werkzeuge".

»AM ANFANG
WAR DAS WORT.«
WIR SORGEN
FÜR SEINE
VERBREITUNG.

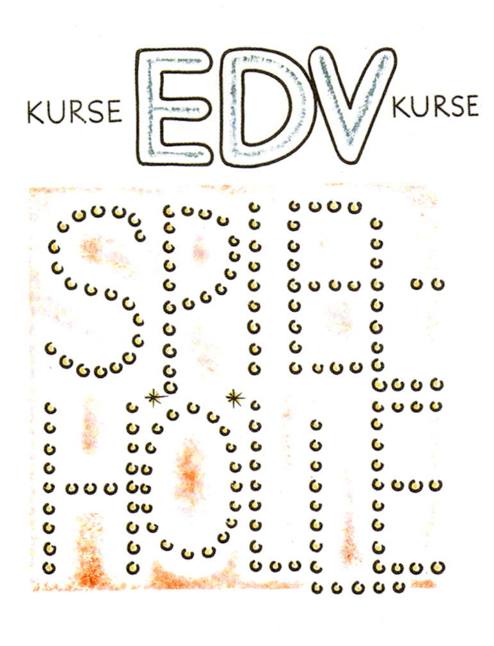

Elektronische Datenverarbeitung

Plakate (Material: 1 cm starker Dekokarton, 90 x 140 cm)

EDV-Kurse
Das spielerische Element der EDV ist hier das Thema. Die aus Punkten bestehende Blockschrift erinnert an die Leuchtanzeigen von Spielautomaten. Die Kreise sind leicht geöffnet, was den Eindruck von Lichtreflexen hervorruft. Der Text ist in senkrechte und waagrechte Koordinaten eingebaut. Geschrieben wurde er mit einer Redisfeder. Der Fond wurde mit einem Borstenpinsel und verdünnter Wasserfarbe bearbeitet.

Textil
Das Material „Stoff" spiegelt sich in der weichen Konturschrift der „Hauptwörter" wider. Für weitere Bewegung sorgen Nadel, Faden und Stoffballen. Die restlichen Zeilen wurden in einer Art Blockschrift mit einem Spitzpinsel (Nr. 5) und Tusche angelegt.
Mit einem kurzhaarigen Borstenpinsel wurde dann ganz trockene Aquarellfarbe auf die Buchstaben getupft. Für solche Arbeiten schneidet man am besten Papierschablonen (Streifen) zurecht.

Augenoptiker
Wie auf den Tafeln, die Augenoptiker bei einem Sehtest einsetzen, werden auch hier die Buchstaben immer kleiner. Eine gezeichnete Brille lockert das Buchstabenspiel auf.
Das Schreibgerät mußte sich der Größe der Buchstaben anpassen: Das erste Wort wurde mit einem Blattpinsel (1 cm Breite) geschrieben, jede der folgenden Zeilen dann mit einer feineren Breitfeder von 5 bis 1 mm Stärke. Die Abstände zwischen den Buchstaben und den Zeilen erweiterten sich leicht.
Auf die Brillengläser wurde etwas blaue Farbe aufgetupft.

Die Fotografen
Der Text wurde hier, dem Thema gemäß, neu gegliedert: Die unter der Kamera stehenden Zeilen bilden ein Dreieck – ähnlich einem Stativ. Die Flüchtigkeit des Augenblicks wird durch die flüssige Handschrift mit unterbrochener Schreibspur betont. Ausgeführt wurde das Plakat mit einem Japanpinsel. Dabei wurde nur wenig Tusche aufgenommen und der Pinsel zusätzlich abgestreift. So entstand ein rauher, „strähniger“ Strich. Entsprechend ist auch die Kamera gezeichnet.
Sparsam dosierte Farbe bringt „Licht“ in die Komposition.

Wortkalender

Eine Gruppenarbeit: Zwölf Kalenderblätter, die typische Begriffe der zwölf Monate „in Szene setzen“ und ein Titelblatt.

Vorbereitung und Vorgehen: Jeweils zwölf kräftige Papiere (DIN A3) und einen farbigen Karton als Titelblatt mit einer Spiralbindung zusammenheften lassen. Skizzen auf Transparentpapier anfertigen. Dabei den Platz für das Kalendarium berücksichtigen.

Auf gutes Zeichenpapier übertragen (das Motiv soll kopierfähig sein). Ein einfaches, immerwährendes Kalendarium aufkleben. Dann die Blätter in der gewünschten Zahl kopieren. Oben leicht beschneiden und mit Gummilösung in den Kalenderblock kleben.

Beim vorliegenden Kalender sorgt die Beschränkung auf die Großbuchstaben der Antiqua für eine gewisse Einheitlichkeit.

Deckblatt

Das Motto ist mit einem Spitzpinsel (Nr. 4) geschrieben. Die Jahreszahl wurde mit einem Schneidemesser großflächig herausgeschnitten; die Formen mußten so abgeändert werden, daß keine Innenteile herausfallen konnten.

Eine Schattenkante am rechten Rand sorgt für zusätzliche Plastizität.

Die freien, ausgeschnittenen Flächen werden durch das darunterliegende „Januarblatt“ strukturiert.

Februar: Maske
Die mit einer feinen Feder geschriebenen Buchstaben tanzen hintereinander. Ein Mund, eine Nase, Augen lassen sie zu Figuren werden. Da an den Konturen mit einem Borstenpinsel trockene Farbe aufgetupft wurde, heben sie sich gut vom Hintergrund ab.

Juni: Donner
Die zunehmend dunkler werdenden Formen, die wolkenartigen Bögen lassen die Vorstellung eines Gewitters aufkommen.
Die Konturen wurden mit einem Spitzpinsel gezeichnet und anschließend mehr oder weniger dicht mit Tusche gefüllt.

November: Grau in Grau
Die Buchstaben setzen sich aus feinen senkrechten Strichen zusammen. Eigentliche Konturen fehlen. Die Schrift scheint zu schweben und sich aufzulösen. Locker aufgetupfte, trockene Tusche (Pinsel mit kurzen Borsten) verstärkt den Eindruck von Nebel noch.

Ziel der hier gezeigten eintägigen Gruppenarbeit war das Erlernen der Antiqua und der Umgang mit ihr.
Bei der Ausführung sollte zudem eine möglichst große Bandbreite an Werkzeugen berücksichtigt werden: Schneidemesser, Spitzpinsel, Blattpinsel, Borstenpinsel, Zeichenfeder ...

Pinselstiel
Ziehfeder
Streichholz
GABEL
Reisstäbchen
Bleistift
Schlüssel
TUBE
Wäsche
klammer
Zahn
bürste
Finger
ZEH

Ganz besondere Schreibgeräte

Beim Gestalten von Schrift braucht man sich nicht auf „richtige“ Schreibgeräte zu beschränken. Ausdrucksstarke Wortbilder mit überraschenden Effekten ergeben sich zum Beispiel durch einen Pinselstiel, durch ein Streichholz, durch eine Ziehfeder aus einem Zirkelkasten, eine Gabel, ein Eßstäbchen, einen breiten Sicherheitsschlüssel, das Ende eines Bleistifts, eine angefangene Farbtube, eine halbe Wäscheklammer, eine Zahnbürste, den Zeige- und den Mittelfinger und selbst durch die große Zehe.
Das „Werkzeug“ einfach in ein flaches, mit Tusche gefülltes Näpfchen tauchen und vor dem Schreiben etwas abtropfen lassen.

Freies ABC

Ein Schmuckblatt in einem ausgefallenen hohen Format (40 x 60 cm, Schriftspiegel 18 x 46 cm) mit einem ABC: Gestaltet wurde es in einer betont freien, handschriftenähnlichen Variante der Klassischen Antiqua (1 cm Federbreite).
Ausgefallen sind auch die Gliederung in leicht versetzte Zweier- und Dreiergruppen, die eng untereinanderstehen, und die Strichstruktur. Die Verwendung einer breiten Messingblattfeder, die gerade bei größerer Schreibgeschwindigkeit unterschiedlich viel Tusche abgibt, hat starke und schwächere, geschlossene und aufgebrochene Linien hinterlassen. Auf nachträgliche Korrekturen wurde verzichtet.
So entstand ein Eindruck von Licht und Schatten, von Leichtigkeit und Wandel.
Diese Arbeit wurde mit japanischer Stangentusche geschrieben, die mit wenig Wasser angerieben und mit einem feinen Spitzpinsel in die Feder gefüllt wurde.

Der Mensch und die Buchstaben

(Seite 156 und 157)

Das Alphabet – ein Stück Kultur, das uns von Kindheit an begleitet. Unser Umgang mit ihm wird hier zu einem Spiel mit Blockschriftbuchstaben und Figuren. Der Mensch geht auf das Alphabet zu und macht es sich zu eigen. Er lehnt sich an, legt es sich zurecht und spielt mit ihm.

Die Feder (Redisfeder, 3 mm Breite) wurde bei diesem leicht verkleinert wiedergegebenen Blatt nur locker aufgesetzt und dann schnell über das Blatt geführt. So entstand ein lebendiger, skizzenhafter Strich von wechselnder Stärke, der Buchstaben und Illustration zu einer Einheit verbindet.

Fisch am Tisch ...

Ein Text des zeitgenössischen Schriftstellers Oskar Pastior („Sinnwahn im Sandsieb ...“) war für mich Anregung, ein Schmuckblatt (Originalgröße 42 x 50 cm) in einer schnellen, hingeworfenen Handschrift zu gestalten.
Die zahlreichen Schwünge am Anfang der Wörter und bei Ober- und Unterlängen greifen immer wieder in andere Formen ein und schaffen eine ornamental anmutende briefähnliche Komposition.
Unterstützt wird dies durch den Einsatz von zwei farbigen Tuschen: Die Feder, eine Messingblattfeder von 4 mm Breite, wurde abwechselnd in rotbraune und in haselnußbraune Tusche getaucht. – Messingblattfedern fassen viel Farbe und können sehr flüssig wie auch flüchtig geführt werden. Daher sind sie gut für Schriftblätter wie dieses geeignet.
An eine zuvor ausgesparte Stelle im oberen Teil des Blattes wurde mit kleinen, roten Buchstaben die Quellenangabe eingefügt. Am Ende des Textes steht ebenfalls in Rot der Name des Schreibers. Die dritte Farbe belebt die Fläche zusätzlich.

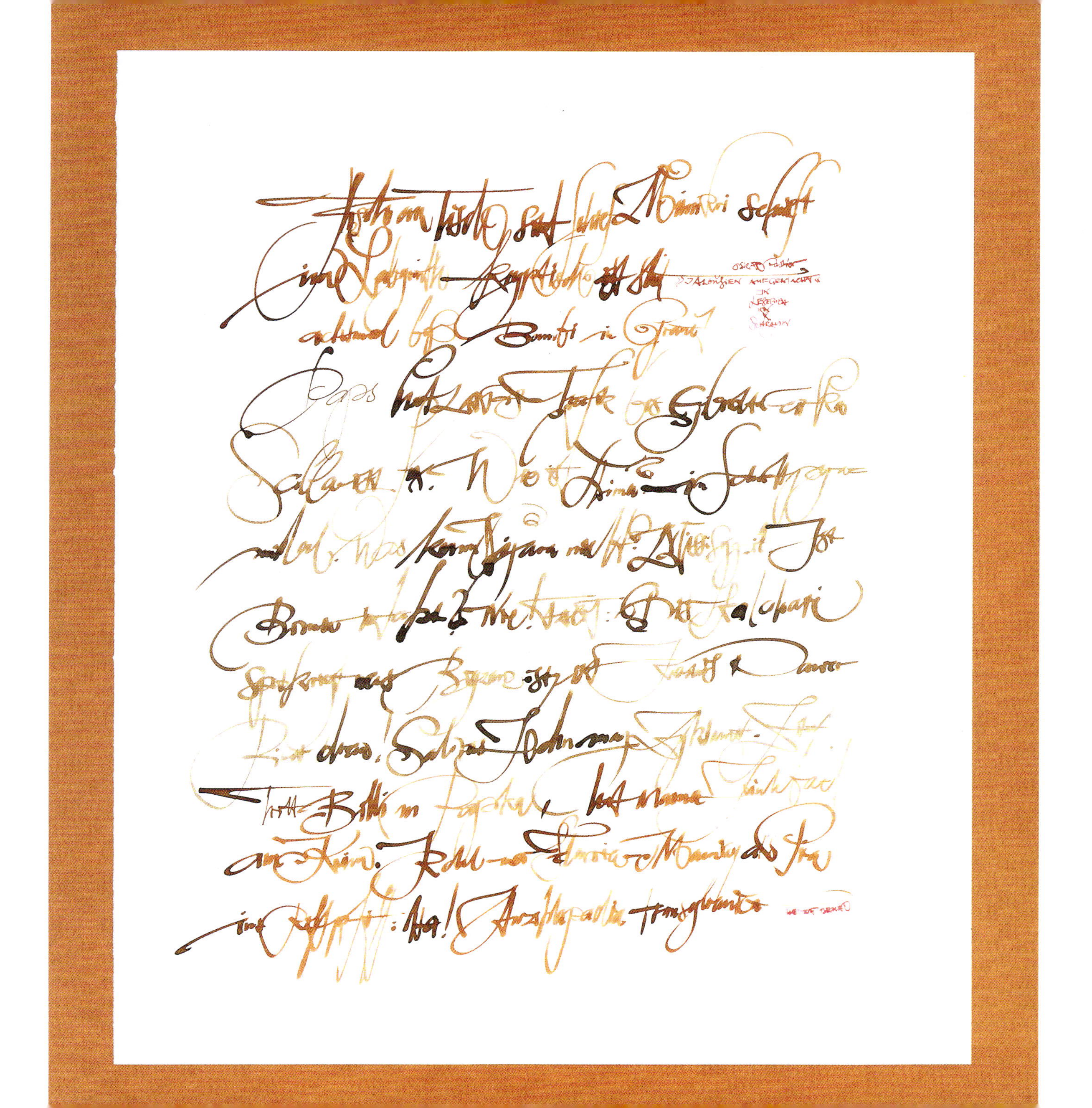

A B C D E
K L
O
P R
U V
W

»Wege zum Bild« ist kein Lehrbuch für Gestaltung im klassischen Sinne, sondern möchte durch eine Fülle von Beispielen einen Weg zur eigenständigen künstlerischen Gestaltung aufzeigen. Vielfältige, farbig illustrierte Aufgabenstellungen werden als Angebot, Hilfe und als Katalysator verstanden. Durch das freie Erproben verschiedener Arbeits- und Handlungsstrategien sollen die Wahrnehmungsfähigkeit und der souveräne Umgang mit dem Material, mit Linie, Fläche und Farbe geschult werden.

Ulrich Klieber
Wege zum Bild
Ein Lehrkonzept für künstlerisches Gestalten
208 Seiten
326 farbige und 20 s/w-Abbildungen
Hardcover, 21 x 27 cm
ISBN 978-3-86502-131-1

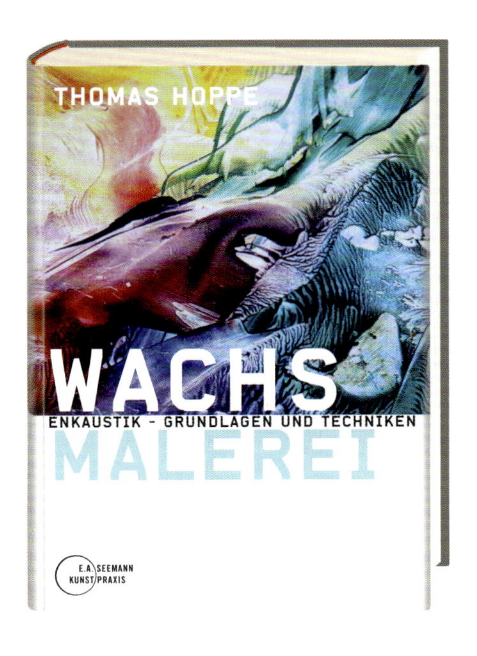

Enkaustik ist beliebt: Es ist eine künstlerische Technik, bei der in Wachs gebundene Farbpigmente heiß auf den Malgrund aufgebracht werden. Thomas Hoppe beschreibt diese Methode ausführlich, erläutert ihre Geschichte und Anwendung. Wie stellt man Wachskünstlerfarben her? Wie funktioniert die Spachteltechnik? Wie entstehen pastellartige Effekte? Das Buch liefert auch Tipps für die Pflege und Restaurierung von Wachsbildern, listet Adressen von Farbenherstellern auf und zeigt Beispiele berühmter Maler, von Paul Klee bis Jasper Johns.

Thomas Hoppe
Wachsmalerei
Enkaustik – Grundlagen und Techniken
240 Seiten
250 farbige und s/w Abbildungen
Hardcover, 17 x 24 cm
ISBN 978-3-86502-323-0

Bibliografische Information der Deutschen Nationalbibliothek
Die Deutsche Nationalbibliothek verzeichnet diese Publikation in der Deutschen Nationalbibliografie; detaillierte bibliografische Daten sind im Internet über http://dnb.dnb.de abrufbar.

ISBN 978-3-86502-130-4

www.seemann-verlag.de

Gestaltung: Herbert Becker, Volkmar Toppel
Umschlaggestaltung: Günter Hennersdorf
Lithografie: Scan-Studio Hofmann, Gundelfingen
Druck und buchbinderische Verarbeitung: Werbedruck GmbH Horst Schreckhase

Zitatnachweis
Seite 61: „Wer kommt denn da so morgenschön?“, aus: Oskar Pastior, Jalousien aufgemacht. Ein Lesebuch, herausgegeben von Klaus Ramm © 1987 Carl Hanser Verlag München/Wien
Seite 123: „Zu einem Geschenk“, aus: Joachim Ringelnatz, Das Gesamtwerk, Band l
© Henssel Verlag Berlin

Fotonachweis
Seite 16, 62/63, 75, 121, 150/151: Christoph Schmotz, Freiburg
Seite 139, 141, 147–149: Peter Nielsen, Umkirch

Die Schreibweise folgt den Regeln der alten Rechtschreibung.